普天之下・盡是好書

普天出版家族
Popular Press Family

凌雲文創
A-Plus Creative Company

THICK BLACK THEORY

你一定要學的人性厚黑學

你必須具備的做人做事潛智慧

達文西曾說：
「在生活的道路上，暗藏著許許多多的蛇，
行路的人要事先想到這點，並且要選擇適合自己的安全之路。」

確實，社會上的詭計到處都是，利用人心弱點所設下的陷阱和騙術，
更是五花八門，走在危機四伏的人生道路上，
想避開潛伏於暗處的「毒蛇」，
就必須同時具備做人與做事應有的應變智慧。
一個深諳謀略的人，做任何事之前都會通盤考量，
思慮到可能的風險及隱憂，才能讓自己成為最後的贏家。

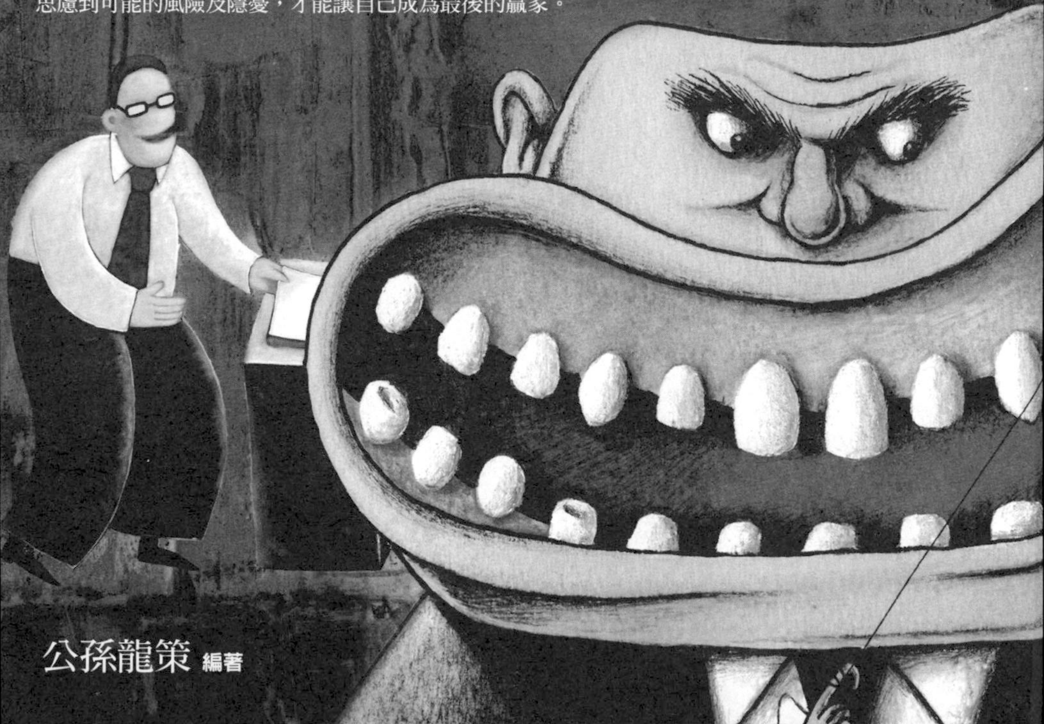

公孫龍策 編著

【出版序】

你必須具備的做人做事潛智慧

・公孫龍策

在充滿競爭的社會中，除了能力要比別人強，更要比別人懂得智謀的運用和機會的把握。

達文西曾說：「在生活的道路上，暗藏著許許多多的蛇，行路的人要事先想到這點，並且要選擇適合自己的安全之路。」

確實，社會上的詭計到處都是，利用人心弱點所設下的陷阱和騙術，更是五花八門，走在危機四伏的人生道路上，想避開潛伏於暗處的「毒蛇」，就必須同時具備做人與做事應有的應變智慧。

一個深諳謀略的人，做任何事之前都會通盤考量，思慮到可能的風險及隱憂，才能讓自己成爲最後的贏家。

心思單純的人固然最受人稱讚，但也最容易被有心人坑騙，淪爲任人宰割的豬頭。正因爲醜陋的人性讓人防不勝防，現實的社會中才會充滿各種陷阱與勾鬥，處處可以見到詐欺、坑騙、巧取豪奪、過河拆橋、落井下石……等等讓人瞠目結舌的負面情事。

現實很殘酷，所以你必須多學一點人性擒拿術。在狡詐的人性叢林裡，如果你不想成爲別人欺壓、算計的對象，那麼，就得具備一些做人做事的心計，才不會被坑被騙被賣之後欲哭無淚……

日本松下公司準備從新聘的三名員工中，選出一位來從事市場行銷企劃工作。人事主管於是計劃讓他們來個職前「魔鬼訓練」，並從中挑選出最適合的人選。這三個人被送到廣島去生活一天，每個人身上只有一天二千日元的生活費用，最後誰剩下來的錢最多，誰就是優勝者。

生活費已經夠少了，還要有錢能剩下，實在是件困難的事。

一罐烏龍茶的價格是三百元，一瓶可樂的價格是二百元，而且最便宜的旅館一夜也要二千元。也就是說，他們手裡的錢剛好能在旅館裡住一夜，但是這麼一來，他們一天的錢也就沒有了。所以，他們要不就別睡覺，要不然就不吃飯，除非他們能在天黑之前，讓這些錢生出更多的錢。但是前提是，他們必須單獨生活，三個人不能相互合作，更不能幫人打工。

於是，三個人便開始各憑本事了。

第一位先生非常聰明，他用五百元買了一副墨鏡，用剩下的錢買了一把二手吉他，來到廣島最繁華的新幹線售票大廳外，扮起「盲人賣藝」來。半天下來，大琴盒裡已經裝了滿滿的鈔票了。

第二位先生也非常聰明，他花五百元做了一個大箱子，也放在繁華的廣場上，箱子上寫著：「將核子武器趕出地球，紀念廣島災難四十周年，爲加快廣島建設大募捐」。然後，他用剩下的錢僱了兩個中學生，並在現場宣傳講演，不到中午，箱子也裝滿了一整箱的捐款了。

至於第三位先生，看起來好像是沒什麼頭腦的傢伙，也許他眞的累了，所以他做的第一件事，就是找個小餐館，點了一杯清酒、一份生魚片、一碗飯，好好地吃了一頓，一下子就花掉了一千五百元。接著，他找了一輛廢棄的汽車，在那裡好好地睡了一覺。

一天下來，第一位和第二位先生都對自己的聰明和不菲的收入暗自竊喜。可是，到了傍晚時，兩個人卻同時面臨了意料之外的厄運。

一名佩戴胸章和袖標、腰間配帶手槍的稽查人員出現在廣場上。他摘掉了「盲人」的眼鏡，摔爛了「盲人」的吉他，也撕破了募捐的箱子，在沒收了他們全部的「財產」後，還沒收了他們的身份證，揚言要以欺詐罪起訴他們。

就這樣，一天結束了，當第一位先生和第二位先生設法借到路費，狼狽不堪地返回松下公司時，已經比規定時間晚了一天了，而且更尷尬的是，那個「稽查人員」已經在公司恭候多時了！

原來，他就是那個在餐館裡吃飯，在汽車裡睡覺的第三個先生。他的投資，是用一百五十元做一個袖標、一枚胸章，花三百五十元，向拾荒老人買了一把舊玩具手槍，和化裝用的絡腮鬍子。

這時，公司的國際市場經銷部課長走了出來，對著站在那裡發呆的「盲人」和「募捐人」說：「企業要生存發展，想獲得豐厚的利潤，不僅要知道如何攻入市場，更重要的是，要懂得如何攻下敵方的整個市場。」

《君王論》作者馬基維利說：「最能顯示出一個人智慧的是，能在各種危險之間做出權衡，並選擇最小的危險。」

地球已經變平了，競爭者正虎視眈眈想搶走你的機會。想要比別人成功，光是靠認眞和努力是不夠的，有時候在做人方面必須多一點心機，在做事方面必須多一些手腕，才能讓自己在這個充滿變數的社會中出人頭地。

小人爲了陷害別人或是爭奪利益，往往會想盡各種辦法，並且變換各種身分，然後在關鍵時刻，誘使對方墜入他們設好的圈套。現實社會就是這樣，戲法人人會變，巧妙各自不同。在充滿競爭的社會中，除了能力要比別人強，更要比別人懂得智謀的運用和機會的把握。

也許，遭遇到層層阻礙和打擊之時，有人會質疑社會的現實、不公，但是，與其質問別人的投機，不如學習第三位先生的機智。

人的智慧和創意是沒有極限的，當大家都用相同的手段和方法時，只要你能比別人多動腦一分鐘，你就能把別人的機會搶過來，甚至還能爲自己創造另一個獨一無二的機會。

屠格涅夫曾經寫道：「躲避自己的敵人，不知道他們的習慣和生活方式，這是多麼荒謬！想要射殺狼，就得先知道牠常走的路徑。」

人際應對就像一把雙面刃，做人做事的各項技巧掌握得好，不愁做事得不到成效；掌握得不好，則必定難逃腹背受敵、遭人算計的下場。

在這個爾虞我詐的人性戰場上，如果你不想做一個糊裡糊塗的失敗者，就必須學些做人智慧與做事謀略，不能死抱著教條，唯有讓腦袋適時轉彎，才能克服生命中的各種難關。

最後必須說明的是，本書是《現實很殘酷，你必須學點人性擒拿術 2》的全新增訂版，除了針對內文大幅刪修外，也增加了三十篇新稿。

出版序　你必須具備的做人做事潛智慧　●公孫龍策

01. 感情用事，成不了大事

不懂得厚著臉皮向你根本不屑一顧的人弓腰哈背，不懂得狠下心來消滅「敵人」，就會眼睜睜地看著成功跟自己擦身而過。

02. 共同點是搞定對手的關鍵

共同點是雙方交往的關鍵，也是突破點，只要抓住它，就等於找到了拉近彼此距離、搞定對方的最好工具。

03. 巧用暗示，點到為止

直截了當回應，很多時候不但無法有效解決問題，反而會讓情況更加複雜，不妨巧妙地旁敲側擊，用暗示的方式和對方溝通。

04. 使場面難堪的實話，不說也罷

如果講實話會造成對方的難堪，或者對自己造成妨礙，那就該暫且忍耐，甚至不說也罷。

05. 小心「一見如故」背後的暗算招數

別有用心的人在對你說「一見如故」時，摻雜了很多奉承、拍馬的成分，此時，你必須加以防範。

06. 優秀，只在必要關頭展露

想在團體中安身立命，別讓鋒芒太露。該藏則藏、該露則露，這樣才討得了便宜，賣得了乖。

07. 循循善誘勝過苦苦哀求

苦口婆心勸說對方，他也許不願意領情；透過循循善誘，或許他反而會心甘情願乖乖地為你辦事。

08. 見好就收，別逼人無路可走

做人不要做絕，說話不要說盡，凡事留有餘地，為自己留條後路。特別是在利弊面前，更應該見好就收。

09. 給人下台階，交往更和諧

人際交流互動過程中，遇到令人尷尬的場面時，別忘了主動釋出善意，為別人留個「台階」。

10. 不要錯把固執當堅持

再筆直的路也偶爾會有一些小顛簸，再好的方法也可能會有一些小缺點，即使我們能眼觀四方，始終還會有看不見的盲點。

11. 面對誠實的人，就用誠實的方法

人與人之間的相處，可以是君子之爭，不必奉承阿諛，更不必費心猜疑，才不會有相互拉扯的兩敗俱傷。

12. 該說謊的時候，還是得說

雖然說謊不是好事，但是偶爾一兩句善意的謊言，會帶來令人意想不到的驚喜效果。

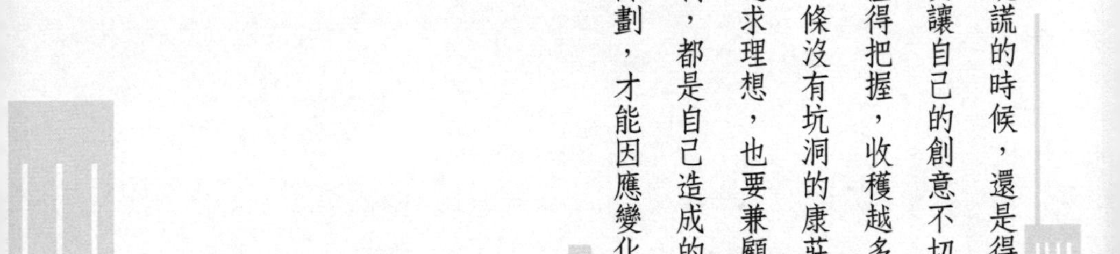

1. 感情用事，成不了大事

不懂得厚著臉皮向你根本不屑一顧的人弓腰哈背，
不懂得狠下心來消滅「敵人」，
就會眼睜睜地看著成功跟自己擦身而過。

感情用事，成不了大事

不懂得厚著臉皮向你根本不屑一顧的人弓腰哈背，不懂得狠下心來消滅「敵人」，就會眼睜睜地看著成功跟自己擦身而過。

郝克曾經寫道：「做人臉厚，做事心黑，是成功的八字真言。」成功的秘訣其實很簡單，那就是做人要懂得應該臉厚的時候臉厚，做事要懂得在該心黑的時候就心黑。

殊不見，古今中外你我耳熟能詳的成功人士，哪一個人的臉皮不是比牆壁還要厚，哪一個人的心肝不是比黑炭還要黑，但是，他們卻都能獲得你我連做夢都夢不到的成功。

做人必須講究手腕，不可以過於直接，不知有所保留的人，往往會造成他人的困擾或讓自己受傷。至於做事，則不能感情用事，因爲激情萌生的古怪念頭，稍稍過量便會使判斷力出問題，使自己因爲失控，做出幼稚、膚淺的事。

感情用事大多不會有好結果，要做到不管是大順之時還是大逆之際，都不會讓別人摸清自己的思緒和情緒。

從西元一六〇三年到一八六七年，長達二百六十五年，是日本「德川幕府」掌控政權的時代，「德川幕府」的開創者德川家康的一生充滿了傳奇性與戲劇性，堪稱是日本的厚黑教祖。

德川家康的性格是在十三、四歲時奠定的。那時他就下定決心要滅掉織田家，繼而奪取天下大權。爲了實現這個願望，他處處表現得謙虛與服從，讓別人以爲他是個沒有野心的人，甚至爲了取信織田信而殺掉自己的妻子。

德川家康的作風，贏得織田信長的信任。像他這種後台不強硬的家族，以服從二字作爲自己的外交政策，是最明智之舉，德川家康一直都堅守這項原則，即使後來他成爲日本第二大勢力集團，對於支配他的人——豐臣秀吉，仍然表現得像綿羊一般溫馴，像狗一般忠實。

可是，等到豐臣秀吉一死，他就搖身一變，成了一個詭譎多詐的政客。德川家康以服從爲手段，藉此取得別人的信任，這種僞裝的功力竟維持了五十年之久，實在令人感到不可思議。

一個人若是太過老實，往往就會被認爲不具威脅性。

德川家康一直假裝老實，所以織田信長誤認爲他很好利用，無論什麼事都支使德川家康去做。然而，當另一位名將武田信玄卻戒心大起，並告訴他的部下，一個人看似膽小老實的人必定隱藏著自己的智慧和實力，對任何事都會預先做好周密的計劃與防備。

德川家康有一項別人沒有的特殊本領，就是縱使心情起伏如何劇烈，也絕不會輕易地流露出來，從未隨意向部屬們動怒、懲罰。

他面對極端厭惡的人，能把嫌惡之情深深隱藏起來，與對方見面時，仍然裝出十分親善的表情，禮貌且誠摯地問候對方。

德川家康覺得爽快的性格太過膚淺，奸詐、狡猾、多變的個性才會讓人傾迷。他認爲，一個人心裡的眞正感受一定要加以掩飾，否則自己的心意豈不全被對方猜透。老實與怯懦只是德川家康的僞裝，事實上，他的腦筋靈活，反應快速，只是從不表現出來，藉以讓人失去防備。

葛安說：「臉皮不夠厚，心地不夠黑的人，往往是成功的絕緣體。」

的確，當你面對攸關成敗的關鍵時刻，如果還不懂得厚著臉皮向你根本不屑一顧的人弓腰哈背，如果還不懂得狠下心來消滅擋在你前面的「敵人」，那麼就會眼睜睜地看著成功跟自己擦身而過。

聰明而又謹愼的人總是能夠保持自我控制的能力，絕不會輕易受到情緒的制約。從德川家康的處世謀略與後來的際遇不難知道，做人做事若總是感情用事，只想逞一時之快在嘴上討便宜，喜怒外形於色，實是人生最大的忌諱，這樣的人根本成就不了大事。

抬槓爭鋒，做人不會成功

聰明人都善於退讓，在關鍵時刻充當「愚者」，虛心請教他人的意見或建議，把自身修飾得更加完美。

鋒芒外露的人或許有才華，但絕不聰明。

眞正的聰明人，懂得什麼時候該方，什麼時候該圓，全都能把握得恰到好處。聰明人不僅不會處處顯示出自己比別人強，相反的，他們還會刻意裝出一副很「愚」的模樣，因爲心裡清楚明白，樹大必然招風。

現實生活中，很多人都希望在他人面前展示自己的「才華」，於是便喜歡和人爭執，凡事都要拚個你死我活，非要分出勝負，讓別人知道自己的智慧有多高、多麼有想法、多麼厲害。

這種人只要一投入話題中，馬上就針鋒相對，不管別人說什麼，總要予以反駁。你說「是」，他們就一定要說「否」，等你改口說「否」的時候，他們又要堅持說「是」了。

總之，事事都要出鋒頭，時時都想顯示自己。

實際上，他們並不一定眞的才華橫溢，很可能根本就胸無點墨、腦袋空空，毫無見識可言。

凡事都想搶佔上風的人，與人爭執時，必定會擺出一副不把別人逼進死胡同誓不甘休的架勢。

這樣眞的好嗎？

下場不用說，大家都清楚。

若你本身就有喜歡與人爭執的毛病，不妨靜下心來想想，這雖然讓自己的虛榮心得到了滿足，但別人會是怎樣的感受？喜歡爭執的人，大都不能將心比心地意識到這一點，所以改不了這種不良習慣。

動輒與人爭鋒，看在別人眼裡就是一個跳樑小丑，難成大氣候。在生活和工作中，這種不良習慣也會使你與周遭的人產生隔閡，人人避之唯恐不及，不會願意主動提供好的意見或建議。

毫無疑問，無論一個人原本能力有多好，一旦染上愛爭論的壞毛病，朋友、同事便將遠離。

應當這樣告訴自己：日常談論中，你提出的看法不一定都是正確的，其他人的想法也未必就比你的差。因此，你不該任意反駁別人的看法。

喜歡抬槓爭論的人，往往有些小聰明，當然也有許多是自作聰明，總認爲自己的智商比別人高，自己的天賦或能力無人能及，實際上只是一個不懂得做人的傻瓜罷了。另一種可能，就是太過於熱心，總想從自己的頭腦中提出更高超的見解，認爲這樣做能讓人刮目相看，可是事實上往往大錯特錯，事與願違。

生活中有太多瑣碎的事情，根本不值得我們將時間與腦細胞浪費在上面，更別說是與人爭得面紅耳赤了。在輕鬆愉悅的閒談中與人交流，保持應有的快樂氣氛，不是更能討得便宜？

想當一個聰明人，首先，請學會看場合、看臉色行事。

與他人閒談之時，倘若對方根本不打算聽你說教，只想娛樂一番，你卻自作聰明，一定要拿出自己對談論話題所持的「高見」進行爭論，相信任何人都不會接受。所以，你千萬不能時刻擺出教訓人的架勢，即使他人的看法是錯誤的，也不妨佯裝贊同，因爲那不過是爲了娛樂而已。

當同事向你提出某種意見或建議，即使對他們的看法有所懷疑，也不要當場反駁。聰明人會充當「愚者」，耐心地傾聽對方的意見，即使不完全贊同，也表現出有濃厚興趣的模樣，並表示一定會仔細考慮。這樣一來，不但尊重了別人，也給自己一個下台階。

畢竟，自己的想法不可能盡善盡美，他人的意見也不見得一無是處。彈性地留下轉圜空間，才是既得便宜又賣乖的最好做法。

與朋友一起聊天時，細節處理更不能忽視。一旦表現出愛爭執的傾向，就有可能傷害到彼此的友誼。

如果朋友在某個問題上出現了錯誤，自己卻不自知，你向對方提出意見而他不肯接受，不必急於求成，不妨讓一步，佯裝自己與他站在一條戰線上，目的則在把時間拖得長一些，過幾天另找機會深談。

切記，待人接物最聰明的做法，就是表現得謙虛些，眞正去尊重別人的想法，避免發生任何不必要爭執。動輒與人爭論只會讓自己越來越惹人厭，久而久之，自然被淘汰出局。

爲了給自己創造一個更好的生活及工作環境，聰明人都善於退讓，在關鍵時刻充當「愚者」，不輕易顯露才能，化主動爲被動，虛心聆聽他人的意見或建議，取長處彌補不足，把自身修飾得更加完美。

這樣一來，不但尊重了別人，還完善了自己。得了便宜又賣乖，一舉兩得，何樂而不爲呢？

小事多糊塗，大事不含糊

在小事上不妨糊塗些，真正遇到大事則保持清醒的頭腦，於關鍵時刻表現出大智慧。

人一生可能經歷的事情太多了，數也數不完，如果事事都要認眞盤算，勢必會使自己筋疲力盡。

所以，對那些無關緊要的小事，不妨糊塗些，得過且過即可。

做到該清醒時清醒，該糊塗時糊塗，是再好不過的事情。許多時候，看似糊塗度日，不失爲一件樂事。

當然，遇到大事就不能糊塗了，這點差異必須分清楚。

魯迅曾專門爲文揭示了「難得糊塗」的眞正涵義，他說：「糊塗主義本來就是一種高尚道德，你說它是解脫、達觀，也未必正確，其實是在固執著什麼，堅持著什麼。」

正如魯迅所說的「在堅持著什麼」，糊塗的人實際上再清醒不過，之所以「糊塗」，是因爲將世事看得太明白、太清楚、太透徹，最後乾脆裝糊塗，放下包袱，輕鬆、瀟灑一回。

說起來容易，做起來難，能夠「糊塗」的人非常有限，因爲人難達到超然境界。生活包袱已經極重，思想還要被芝麻綠豆大的小事情纏繞，多麼辛苦哪！「小事多糊塗，大事不含糊」，這句話實在值得所有人謹記。

糊塗看世界，留一半清醒，留一半醉。在觀察社會、待人處世時，對一些不打緊的事情糊塗處之，涉及至關重要的原則性問題則清醒對待。該糊塗時糊塗，該聰明時聰明，不喪失原則和人格。

如果能做到如彌勒佛那樣，「笑天下可笑之人，容天下難容之事」，說明你已經進入了忘我的境界，算是成功了。

縱觀古今，達到這種境界、擁有這種智慧的人，當然並不在少數，晉代的裴遐就是其中之一。

有一次，裴遐到東平將軍周馥的家裡作客，周馥命家人設宴款待，司馬負責勸酒。由於裴遐與人下圍棋，正在興頭上，沒有及時喝下遞過來的酒，爲此司馬非常生氣，以爲裴遐故意怠慢，便順手拖了裴遐一下。

不料，裴遐因沒有留意而被拖倒在地，氣氛頓時變得非常尷尬，所有人都嚇了一跳，以爲裴遐會因難忍羞辱而對司馬發怒。

想不到裴遐慢條斯理地爬起來，舉止不變，表情安詳，然後便好像什麼事情都沒有發生過一樣，繼續與人下棋。

後來，王衍問起裴遐，當時爲什麼還能鎮定自如，裴遐回答說：「因爲我當時很糊塗。」

現在，我們將視線從古人身上拉回，轉移到現實生活中，來看看另一個常見的相反的例證。

有一次，許多老人圍在一起下棋、觀棋。

其中有兩位老人，因爲一步棋而爭得面紅耳赤，雙方互不相讓，一個罵對方手腳不乾淨，另一個罵對方是卑鄙小人，罵得不過癮，甚至還動了手，結果不歡而散。

從此以後，有多年交情的兩方成了仇人，非但再也不一起下棋，見了面還吹鬍子瞪眼，口出惡言。

之所以因爲一步棋賠上友誼，就在於不懂得糊塗的眞諦。

人際交往過程中，實在沒必要事事計較。小事上糊塗一些，別太在意，這樣一來，不但可以增加彼此的信任，還可以強化感情，加快相互交往、理解的速度。

在小事上不妨糊塗些，眞正遇到大事則千萬保持清醒的頭腦，於關鍵時刻表現出大智慧。

意氣用事，吃虧的必定是自己

以忍耐態度應對不利局面，不僅能夠幫助你能在人前「賣乖」，更能在人後不動聲色地佔盡「便宜」。

有句諺語「忍一時，風平浪靜；退一步，海闊天空」，就是要人們處於特殊情況下時，不一味地莽撞行事，而要審慎的分析時局，做出忍讓決策，透析以退爲進的大道理。

忍耐是大智慧的展現，一種高明的生存智慧。歷史上，大凡有智慧的成功者，在面臨危險時，都能從大局考慮，以忍化解險情，求得生存，然後再伺機而動，取得勝利。

越王勾踐忍辱負重，最終報仇雪恥，就是鮮明的一例。

當時，勾踐是越國國君，而吳王夫差剛好繼位。爲了替父報仇，夫差立志使吳國強大起來，蓄勢向越進攻。

兩年的精心準備後，吳王在大將伍子胥、副將伯嚭的幫助下，發起進攻，一舉打敗了越國。

勾踐走投無路，對自己眼前的狀況非常清楚，心知要想日後復仇，就必須把心思僞裝起來，在吳王的腳下忍辱負重、偷生苟活，否則，不要說東山再起，恐怕連命都保不住。

因此，他透過伯嚭與夫差達成了和議，保住性命，條件是自己和妻子要到吳國當奴僕，隨行的還有大夫范蠡。

爲了替父報仇，夫差對勾踐百般羞辱，令他們在父親的墳旁養馬。主僕三人過著極惡劣的日子，吃的是粗茶淡飯、穿的是粗布單衣，住的是一座冬天如冰窟、夏天似蒸籠的破爛石屋，每天都一身土、兩手糞，這樣的艱苦生活持續了三年。

爲了羞辱勾踐，夫差出門坐車時，總是要勾踐在車前爲他領馬。從人群中走過，必會遭到他人的譏笑：「看！堂堂一國之君現在淪落成馬夫，這樣還有臉活著啊？要是我，死了算了。」

每每聽到這樣的譏笑，雖然心裡在滴血，勾踐臉上仍然保持笑容，裝作毫不在意的樣子。

他知道，若不能將所有的情緒偽裝好，東山再起的心思就會被夫差識破，到時候要忍受的就不只這些了。

一次，夫差病了，勾踐為了表達自己的忠心，在伯嚭的引薦下前去探望。待夫差出恭後，勾踐居然親自用口嚐了吳王的糞便，接著恭喜說病即將痊癒，請夫差放寬心。

正是因為這個舉動，改變了夫差的看法，扭轉了勾踐的命運。夫差相信勾踐對自己確實忠心耿耿，經過三年的磨難，已經完全放棄了復興越國的想法，便決定將他放了。

現實生活中，人們所遇到的困難或挫折，有哪一件能比肩負富國強民的任務更重？又有誰能像勾踐一樣，熬過長達三年近乎於殘忍的羞辱？這絕對是一般人無法做到的事情。

綜觀這個時期的勾踐，幾乎可以用「順從」來形容。他之所以願意這樣做，無非是爲了儘快回到越國的國土，捲土重來。

忍，是一種爲自己鋪陳後路的另類方法。

受到根深柢固的認知影響，人們的內心深處，早已經爲英雄下了一個定義，認爲大丈夫就應該具備「士可殺不可辱」、「寧爲玉碎，不爲瓦全」的豪情，只有這樣才不愧人們的稱讚，而那些忍辱負重的人，則全部被扣上了懦弱無能的帽子。

事實上，忍耐可以因爲動機與目的不同，分爲幾種類型。毫無原則的一味忍讓，確實是懦弱無能的表現，但若出於「留得青山在，不怕沒柴燒」的考量，則是一種聰明的做法。

與勾踐形成鮮明對比的，是一直被稱爲英雄的西楚霸王項羽，細思他的結局，能給我們相當深刻的啓示。當時，烏江岸邊，亭長誠摯地招呼他說：「江東雖小，但足可夠大王稱霸，請大王速速過江。」

可惜，項羽自視太高，根本聽不進去烏江亭長的勸說，最後自刎於烏江岸邊，爲一生霸業寫下淒涼結局。

假若項羽當時願意忍耐，聽從烏江亭長的勸說過江，之後必定會有另一番景象。誰說反敗爲勝絕不可能發生呢？說不定歷史將完全改寫。

寧爲玉碎雖然是做人的一種原則，忍辱負重更是爲人處世的一種智謀。勾踐成功復國，絕大部分原因取決於他能忍。當然，忍要有一定的限度，不可流於懦弱。

以忍耐態度應對不利局面是高明的辦法，不僅能幫助你能在人前「賣乖」，更能在人後不動聲色地佔盡「便宜」。

請把花環戴在別人頭上

能在關鍵時刻與人分享甚至大方讓出榮譽的人，無論處在任何局勢下，都能全身而退，有個好結局。

任何人都不希望自己辛苦半天得到的成績被他人搶走，但在與他人打交道時，尤其當面對著職位高過自己的人，眼光要放遠、腦筋更要放聰明，不要死守著榮譽不放手。

不妨學得精明些，把花環戴在職位比你高的人頭上，這麼做雖然免不了得犧牲自己的榮耀，卻可以從險惡環境中全身而退，謀求往後更好的發展。

人的通病是，一旦小有成就，便不免為自己的成功感到興奮，貪功的想法自然產生。可是，不知你有沒有想過，雖然得到了功勞，但之後等待著你的會是什麼呢？

恐怕是意想不到的攻擊與麻煩吧！

聰明人懂得在關鍵時刻將「花環」戴在別人頭上，即使自己心裡有一千個、一萬個的不願意，也會巧妙地隱藏起所有怨恨不滿情緒，大方地將榮耀交到別人手上。

接受榮耀的人自然會記得這份人情，並在日後有需要的時候助對方一臂之力，就算不能伸出援手，至少不會落井下石。

由此看來，把花環戴在別人頭上，不但不吃虧，反而佔便宜。

現實環境中普遍存在著一種情況，叫「功高震主」，輕則招致別人的怨恨，重則惹來不可預知的禍患。

對此，你是否懂得避免？

自古以來，聰明人就很注意這一點，不論做任何事，都謹守自己的本分，絕不獨霸榮譽，避免太出鋒頭。能在關鍵時刻與人分享甚至大方讓出榮譽的人，無論處在任何局勢下，都能全身而退，有個好結局。

同樣的，對那些可能損及別人名譽的事，主動承擔一些，引咎自責。具備這種涵養的人，才算是懂得做人。

漢代名臣晁錯自認才智超群，朝廷中的大臣遠遠不及，因此屢次向文帝暗示願意擔任佐命，想讓文帝將處理國家大事的權力全部交給自己。晁錯的這一行爲，正是功高震主的表現。

提起韓信，無人不知，他雖是漢朝開國元勳，下場卻悲慘至極，歸根究柢，最大原因就是沒有及時地將功勞放在別人頭上，導致功高震主，最終以淒涼結局收場。

身處職場中，想要保全自己，必須謹記以下幾點：

• 遵守規定

歷史已經證明，遵守法規是自我保全最有效的方法。

司馬遷在《史記．循吏列傳》中提出的循吏，正是遵循法規的意思。能嚴守法規依此行事者，才是識大體的人。後來，人們將「循」解釋爲慈愛、仁厚、和善、愉快，認爲能夠用仁義治理國家的官員才稱得上「循吏」，實在大錯特錯。

遵守法令，嚴格地約束自己，就是自保的好方法。

・公私分明

公私分明的意思是告訴我們，千萬不要將個人利益與工作混淆，換句話說，就是不要以權謀私。

一旦把私利加入到公事中，便很容易惹禍上身，招來不必要的麻煩。

・功成身退

不要居功自傲，要懂得謙讓。功成名就時，適當地分出一些榮耀給其他人，免得遭受他人嫉恨，不得善終。

以上三點不但適用於官場，更適用於一般職場，尤其是與同事、上級的互動中，都應該懂得並發揮這些道理。如此，進一步可謀求發展的機會，退一步則可保障自身安全。

在複雜的人際交往中，適時、及時地把花環戴在他人頭上，無疑是明哲保身的最好方法。

巧妙對人示弱，佔得便宜更多

要想讓他人放鬆對自己的警惕，不妨巧妙地、不露痕跡地暴露出某些無關痛癢的缺點，出點小洋相。

法國思想家盧梭曾經寫道：「禽獸根據本能決定取捨，人類則通過算計來決定取捨。」

想在這個爾虞我詐的社會生存下去，無論如何，都必須具備一些心機，否則就容易遭到各種「病毒」攻擊，讓自己陷入危機。就算再有能力的人，也要具備一些保護自己不受傷害的心機，更要懂得把心機用在正確的時機。

事業上的成功者、生活中的幸運兒，遭人嫉妒在所難免。若一時無法消除心理誤會，不妨表現出適當的示弱態度，將威脅減到最低程度。

示弱能使處境不如自己的人保持心理平衡，有利於交際。

地位高的人在地位低的人面前，可以展示過往的奮鬥過程，表明自己其實也是個平凡人。

成功的人可以在別人面前多說曾經遭遇的失敗、現實的煩惱，給人「成功得之不易」的感覺。

對眼下經濟狀況不如自己的人，最好適當訴說自己的苦衷，諸如健康狀況欠佳、子女不聽話，或者工作中遭遇了諸多困難，讓對方感到「家家都有一本難念的經」。

某些專業上有一技之長的人，最好宣稱根本對其他領域一竅不通，坦承自己日常生活中如何鬧過笑話、受過窘等。

至於完全因客觀條件或偶然機遇僥倖獲得名利的人，更應該直言不諱地承認自己是「瞎貓碰上死老鼠」。這樣一來，不但可以消除他人心中嫉妒，還能夠籠絡人心，贏得同情。

示弱時，可以推心置腹地私下交談，也可以在大庭廣衆之下，故意訴己之短，說他人之長。

示弱，更要表現在行動上。若你在事業上已處於有利地位，獲得了一定的成功，在其他小事情上，即使完全有條件和別人競爭，也該儘量迴避退讓。對小名小利不妨淡薄些、疏遠些，因爲先前的成功已經讓你成了某些人嫉妒的目標，萬萬不可再爲一點微名小利惹火上身。

曾有一位記者去拜訪一位政治家，表面上是採訪，實際上想藉機獲得有關對方的一些醜聞資料。

然而，還來不及開口寒暄，政治家就先擺出親切的笑容說：「放輕鬆些，時間還長得很，我們可以慢慢談。」

可以想見，記者對此大感意外。

不多時，僕人將咖啡端上桌來，這位政治家端起喝了一口，立即大嚷道：「喔！好燙！」咖啡杯隨之掉落在地。

等僕人收拾好後，政治家又把香煙倒著插入嘴中，從濾嘴處點火。記者見狀趕忙提醒：「先生，您拿反了。」

政治家聽到這話之後，慌忙地將香煙拿正，不料卻失手將煙灰缸給碰翻在地。

平時趾高氣揚的政治家出了一連串洋相，使記者大感意外，不知不覺中，原來的挑戰情緒消失了，甚至產生一種莫名的親近感。理所當然，事後寫出來的報導因此友善了許多。

他所不知的是，這整個過程，其實全是政治家一手安排的。

當人們發現傑出的權威人物也有許多弱點，過去抱有的恐懼感和怨恨就會相應消失，且由於同情心的驅使，甚至還會產生某種程度的親密感。

要想讓他人放鬆對自己的警惕，進而贏得好感，不妨巧妙地、不露痕跡地暴露出某些無關痛癢的缺點，出點小洋相，表明自己並不是一個高高在上、十全十美的人。如此一來，必定能使人降低戒心，不存心與你爲敵。

適可而止，趕盡殺絕非好事

處世過程中，別把事情做絕，要適可而止，別趕盡殺絕，千萬不要把事情做絕，斷了自己的後路。

遇事計較、窮追不捨，並不是做人應掌握的正確道理，這麼做，於人於己，都沒有任何好處。聰明人在爭取個人利益時，從不把對手趕盡殺絕，相反的，他們更知道凡事要適可而止。

現實生活中，許多人說話、做事都喜歡趕盡殺絕，不給別人留餘地，以此來顯示自己的「本事」，如此一來，原本和諧的場面必定被搞得烏煙瘴氣，使對方陷入尷尬中。

其實，要想應付這樣的人，就要讓他親自感受一下陷入尷尬局面的滋味。一旦他體會到其中的辛辣，往後再遇類似的情事時，自然更能做到站在對方的立場上，替別人考慮了。

人一旦處於窘困狀態，不僅僅會用氣來懲罰別人，也會懲罰自己，氣自己的無能，懷疑自己生存的價值和意義。一旦這種心理產生，就會將人的情緒打入低谷，萌生強烈的挫折感和失落感。

如果你曾經體會過這種滋味，就應當用一顆慈悲的心，設身處地地爲對方想一想。如果你的能力、財力等各個方面都要強於對方，完全有能力收拾對方，這時，你更應該偃旗息鼓、適可而止。

以強欺弱，並不是光彩的行爲，即使成功把對方趕盡殺絕，在別人眼中你也不是個勝利者，而是一個無情無義之徒。如果你根本沒有取勝的把握，還一意孤行想把對方趕盡殺絕，無形中相當於拿雞蛋往石頭上碰，毫無意義可言。

這時，無論是強的一方，還是弱的一方，都應該權衡利弊，適可而止，別再以牙還牙，不然只會爲自己再樹立一個敵人。

怎樣才能做到適可而止呢？

• 給對方一個台階下

所謂冤家宜解不宜結，解決問題最好的方法，就是給對方一個台階下，讓他忘記你的仇，記住你的恩情。

求人辦事難免會有吃虧受氣的時候，當受了氣，你不妨把注意力轉移到解決問題的對策上。切記，不要停留在與人鬥氣上。

與人鬥氣，百害而無一利，鬥不鬥得過對方姑且不論，還浪費了不少時間和精力，可是對解決問題卻沒有任何好處。因此，在遇事後，必須改變一下思維模式，另闢蹊徑，尋找解決問題的更好辦法。

問題解決後，你所受的氣自然會消失得無影無蹤，這時候你還不解氣，讓那個氣你的人陷入尷尬境地，那就顯得太不會為人了，何不就此了事，適可而止，豈不是更好？

這次人家給你氣受，你便將對方趕盡殺絕，說不定風水輪流轉，不知將來什麼時候你又會有求於他。如果對方記你的仇，那你不但事情辦不成，還會受更大的氣。

相反，如果你能適當給他一個台階下，他還會感念你的恩情，下一次求他辦事時也會更加爲你賣力。

兩相權衡，哪一種做法較好，聰明人都知道。

• 別把事情做絕，化敵為友最好

有些人受了氣後，會產生報復心理，尋找報復機會。這種心理絕對要杜絕，因爲說不定哪天你還要有求於那個人。相反的，如果一個人完全有能力收拾對手，但卻放棄了這個天然優勢，從另外一個角度巧妙地應用了這一優勢，以一種大度寬容的方式對待對方，以此換得對方的感激，豈不是更加明智嗎？

這樣，不但排除了樹敵的可能性，還有可能多一個好朋友。

朋友多了路好走，社會實力就會強大，也可以提高自己的影響力，對於矛盾的雙方而言，這樣的結局無疑最爲理想。處世過程中，要適可而止，別趕盡殺絕，千萬不要把事情做絕，斷了自己的後路。

用「乖巧」代替「乖張」

既然已經得了「裡子」，就不妨給對方多留些「面子」。千萬別讓對方感到「既失了裡子，又丟了面子」，惱羞成怒之餘做出「狗急跳牆」之類的事。

在競爭一天比一天激烈的社會，越來越多人開始鑽研如何運用人脈，想透過做人成功而獲得更多人幫助，讓自己做事更加順利。

在爾虞我詐的人性叢林中，許多人也不斷琢磨該如何「便宜行事」，才能佔得更多便宜，比別人快一步出人頭地。

這些都是無可厚非的心理，不過，千萬要記住，撈得「便宜」之後，必須適時「賣乖」，才不會淪爲別人暗地咒罵、憎恨的人。

所謂的「賣乖」，並不是言行「乖張」，擺出一副小人得志的嘴臉，而是表現得謙虛「乖巧」，替別人留些顏面。

人際關係作家梅爾曾說：「和別人交手的過程中，越是得了便宜的人，越要在人前表現出一副委屈和無奈的模樣。」

確實，做人做事的勝利方程式便是用「乖巧」代替「乖張」。如果你是得了便宜的人，非但不能趾高氣揚，在人前表現乖張的模樣，反而要在得了便宜之後表現乖巧，減緩對方心裡的不舒服。

懂得用「乖巧」代替「乖張」，才是最高段的處世智慧。

許多人身懷極高的才能，卻始終鬱鬱不得志，原因就在於不懂得爲人處世的正確方法，所以處處碰壁。也有許多人，品德才幹都不怎麼好，卻能平步青雲，歸根究柢，就因爲抓得住爲人處世的竅門，所以左右逢源。由此可知，相較於其他一切專業知能，做人做事的方法才眞正是一門必修的大學問。

你對自己的人際關係滿意嗎？

你是否感到經常感到「江湖險惡」，動輒得咎？

處理因爲人際交往衍生出的種種問題，總讓人們傷透腦筋。俗話說「人在江湖飄，哪有不挨刀」，某種程度上，正是對做人難處的最好詮釋。

不管是說錯了話、交錯了朋友、防範心理不夠強，都可能招來災禍，因此，許多人由衷大歎：「做人好難。」

其實，做人並沒有一般人想像得這般複雜，之所以處處不討好，只是因爲還沒有找對方法。做人，說穿了，就是要適度拿捏「方圓」。用比較厚黑的說法解釋，就是知道何時該佔便宜，何時該「賣乖」。

爲人處世要懂得替自己和別人留一條退路，既然已經得了「裡子」，就不妨給對方多留些「面子」。千萬別讓對方感到「既失了裡子，又丟了面子」，如此對方才不會惱羞成怒，做出「狗急跳牆」之類的事。

巧妙掌握行事準則，拿捏好人際相處的尺度，斟酌場合決定態度，那麼，你才能眞正佔得便宜。

2. 共同點是搞定對手的關鍵

共同點是雙方交往的關鍵，
也是突破點，只要抓住它，
就等於找到了拉近彼此距離、
搞定對方的最好工具。

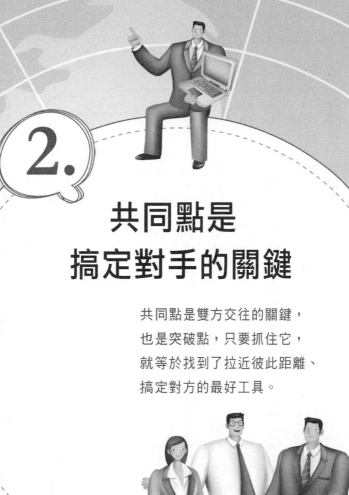

記住別人的名字，是成功的第一步

記住他人的名字，而且很容易地喊出來。這就是搞定人的重要方法之一，也是成功交際的法則。

大家都知道，唯有具備良好的社交能力，才能在現代社會遊刃有餘。那麼，社交的秘訣是什麼？要如何才能使自己成爲左右逢源的成功人士，解決別人解決不了的人和事呢？

記住並且重視別人名字的方法，就是許多領導人成功的秘訣之一。記住別人的名字，對於被喊出名字的人來說，無疑是語言中最甜蜜、最重要的聲音。掌握了這項心理特質，你就邁出了成功的第一步。

一八九八年，紐約的洛克蘭發生一場悲劇，一個孩子死了。

這天，鄰居們正準備去參加葬禮，法里走到馬房去牽他的馬。地上堆滿積雪，空氣寒冷，那匹馬好幾天沒有運動了，當牠被牽到水槽的時候便歡欣鼓舞起來，把兩腿踢得高高的。

結果，很不幸的，法里就這麼被踢死了。因此，這個小小的鎮上，一個星期內舉行了兩次葬禮。

法里留下一個寡婦和三個孩子，還有幾百美元的保險金。他最大的兒子吉姆才十歲，為了協助維持生活，必須要到一個磚廠工作——運砂，把砂倒入磚模，再把磚坯轉換方向在太陽下曬乾。

這個孩子一直沒有受教育的機會，但是，有一種讓人喜歡他的特質。後來，他走上了政治舞台，更練就一種記住他人名字的驚人能力。

他沒有進入任何一所中學就讀，但是在他四十六歲的時候，有四所學院授予他榮譽學位，同時也成為民主黨全國委員會主席、美國郵政總局局長。

有位記者前去訪問吉姆，請教他成功的秘訣，他說：「努力工作。」

記者聽了說：「您別開玩笑了。」

他接著問記者認為他成功的理由是什麼。記者回答：「聽說你可以喊出一萬個人的名字。」

「不，我能叫出五萬個人的名字。」他笑著說。

不要忽視這一點。他的這項能力曾幫助富蘭克林．羅斯福進入白宮。

在吉姆為一家石膏公司推銷產品的那幾年，以及升任小鎮上公務員之前的那幾年，他創造了一套記住別人姓名的方法。

這是一個非常簡單的方法，每次他新認識一個人，他就問清楚那個人的全名、家庭人口、他的職業以及政治觀點。

他把這些資料全部記在腦海裡。當他第二次他碰到那個人的時候，即使過了一年，他還是能夠拍拍對方的肩膀，詢問起他的妻子和孩子的情況，以及他家後院種的那些植物。

難怪他有一大群擁護他的人！

在羅斯福競選總統活動展開後，吉姆每天都寫好幾百封信，給遍佈在美國西部和西北部各州的人們。

然後，他跳上火車，在十九天內足跡踏遍了十九個州。

那一萬二千英里的路程，他以馬車、火車、汽車和輕舟代步，每到一個市鎮，就跟他認識的人共進早餐或午餐、喝茶或者吃晚飯，跟他們暢談肺腑之言，然後又繼續往下一站前進。

等他回到東部，又將所有和他談過話的人名單加以整理，這名單上的每一個人，都會收到一封吉姆的私函，那些信都以「親愛的比爾」，或者「親愛的傑克」開頭，結尾總是簽上「吉姆」。

吉姆能從一個輟學的孩童躍居爲成功人士，關鍵在於他知道「想搞定事情，必須先搞定人」，也很早就發現一般人對於自己的名字比對地球上所有名字的總和還要感興趣。

輕鬆喊出他人的名字，是獲取別人好感的一種相當有效的手段。記住人們的名字，而且很輕鬆地就能喊出來，等於給予別人一個巧妙又有效的讚美。如果不肯用心，老是把別人的名字忘掉或者寫錯，你就會讓自己處於非常不利的地位。

因此，如果想獲得別人的好感、廣交朋友，順利推動自己的計劃，請務必記得：記住他人的名字，而且很容易地喊出來。這就是搞定人的重要方法之一，也是成功交際的法則。

迎合對方口味，就能事半功倍

投顧客所好，找對方向入手。迎合對方的口味，便能事半功倍，反之，往往會導致交易的失敗。

推銷這一行，是對語言藝術運用得較多的行業之一。

在推銷的過程中，打動顧客購買產品是唯一的目的，但說話一定要講究技巧與方法，必須挑一些顧客喜歡聽的、顧客感興趣的話，只要投其所好，成功的大門便會向你敞開。

小劉是一名天然食品的推銷員。

一天，他一如往常，向一位陌生的中年顧客講解蘆薈精的功能、效用，但對方顯然對此並不感興趣。

正當小劉識趣地準備向對方告辭時，突然看到顧客家的陽台上擺著一盆精美的盆栽，裡面栽種著紫色的不知名植物。於是，小劉請教對方：「好漂亮的盆栽，市面上似乎很少見，它是特殊品種吧？」

顧客自豪地說：「它確實相當罕見。這種植物叫嘉德里亞，是蘭花的一種。它美在那種優雅的風情。」

「的確如此。我想它一定很昂貴吧？」小劉接著問道。

「是的。僅僅這個小小的盆栽就要四千元呢！」顧客不無得意地說。

小劉故作驚訝地說：「什麼？四千元……」

「蘆薈精也不過一瓶兩千元，這個顧客這麼捨得花錢，應該可以做成這筆交易。」小劉在心裡暗自推想著。於是，他把話題重點慢慢轉向盆栽：「這種花每天都要澆水嗎？」

「是的，它需要細心呵護。」

「那麼，您對這盆花的感情應該很深了，它也算是家中的一分子吧？」這位顧客覺得小劉對蘭花似乎很有心，於是開始傳授有關蘭花的學問，小劉聚精會神地聆聽。

過了一會兒，小劉悄悄地將把話題轉到了自己的產品上，對這名顧客說：「太太，您這麼喜歡蘭花，想必對於植物應該也很有研究，您一定是個高雅的人，肯定也知道植物能爲人類帶來諸多好處，帶給您溫馨、健康和喜悅。我們的產品正是從植物裡提取的精華，是眞正的綠色食品。太太，不如今天就體會一下天然食品的功效！」

結果對方竟然爽快地答應了！她一邊打開錢包，一邊還說道：「小伙子你眞是有心人，即使是我丈夫也不願聽我嘮嘮叨叨講這麼多，但你卻願意聽我囉嗦，還能夠理解我這番話。希望改天再來聽我談蘭花，好嗎？」

在商業經營銷售中該如何抓住顧客的心理呢？這裡頭有些訣竅，最重要的是看顧客需要什麼。

第一是，安全可靠；第二是，避免不安全。

消費者購買產品之後，要求產品在使用過程中，不會爲消費者本人和家人的生命安全或身心健康帶來傷害。

人們之所以買保險或把錢存入銀行，是因爲他們希望年邁或遇到困難時能夠得到保障；人們之所以購買防盜門鎖是由於害怕缺少這些東西可能會帶來惡果，爲了安全，寧願在這方面投資。

生意場上只要能投顧客所好，就很有可能成功，但這需要具備一定程度的應對智慧與敏銳的洞察力，才能找對方向入手。要點心機，迎合對方的口味，便能事半功倍，反之，往往會導致交易的失敗。

投其所好，就能讓關係更好

在對對方的基本情況瞭若指掌的前提之下，做好以不變應萬變的心理準備。然後投其所好，讓對方產生「相見恨晚」的感覺，贏得對方信任。

在變動不羈的競爭環境中，想要拉攏某些關鍵人物，幫助自己拓展版圖，聰明的人會根據不同的情勢，採取相應的作戰方針，不管伸縮、進退，都進行客觀的評估，如此才能獲得勝利。

擬定作戰方針之時，最重要的一點是摸清對方的喜好。

在和對方正式交往之前，應該儘量對他的職業、性格、興趣愛好等有全面的瞭解，如此才能在交往的過程中投其所好，讓關係更好。

盛宣懷是晚清一位知名的大商人。

有一次，在李蓮英的推薦之下，醇親王特地在宣武門內太平湖的府邸接見盛宣懷，向他垂詢有關電報的事宜。

盛宣懷之前從未見過醇親王，但與醇親王的門客張師爺過從甚密，從他那兒，瞭解醇親王兩個方面的情況：

一、醇親王跟恭親王不同，恭親王認爲中國要效法西方，醇親王則認爲中國不比西方差。

二、醇親王雖然好武，但自認爲書讀得不少，頗具文采。

盛宣懷瞭解情況之後，就到身爲帝師的工部尙書那裡抄了些醇親王的詩稿，背熟了好幾首，以備「不時之需」。盛宣懷還從醇親王的詩中悟出他的心思，胸有成竹之後便前來謁見醇王。

當他們談到電報的時候，醇親王問：「電報到底是什麼東西？」

「回王爺的話，電報本身並沒有什麼了不起，全靠活用，所謂『運用之妙，存乎一心』，如此而已。」

醇親王聽他能引用岳飛的兵法名言，便開始對他另眼相看，隨即問道：「你也讀過兵書？」

「在王爺面前，怎麼敢說讀過兵書？想當年英法內犯，文宗皇帝西狩，憂國憂民，竟至於駕崩。那時如果不是王爺神武，力擒三凶，大局眞不堪設想。」盛宣懷略停了一會兒又說：「那時，有志氣的人，誰不想洗雪國恥，宣懷也就是在那時候自不量力，看過一兩部兵書。」

盛宣懷眞是三句話不離醇親王的「本行」和他的「豐功偉績」，接著又把電報的作用描繪得神技其巧。醇親王聽了感覺飄飄然，乾脆把督辦電報的業務託付給盛宣懷。

莎士比亞曾經如此說道：「才華智慧如不用於有用的地方，便和庸碌平凡毫無差別。造物者是個精於計算的女神，她把給予世人的每一份才智，都要受賜的人感恩，善加利用。」

多花點心思，往往會讓自己找到更寬闊的出路。要是只會死守教條，腦袋不懂得轉彎，永遠也成就不了大事。

如果一個人特意要去結識一個從未打過交道的陌生人時，應當把這個過程當成一次人生的挑戰，事先做好充分的準備。

會晤之前可以透過多種管道瞭解對方的背景、經歷、性格、喜好，在對對方的基本情況瞭若指掌的前提之下，設想對方可能提出的問題，或是會遭遇什麼狀況，做好以不變應萬變的心理準備。

如此，正式見面之時，便可以針對對方的特點有的放矢、投其所好，讓對方產生「相見恨晚」的感覺，進而贏得對方信任。如此一來，你便搞定了這個人，也搞定了讓自己備感棘手的事情。

共同點是搞定對手的關鍵

共同點是雙方交往的關鍵，也是突破點，只要抓住它，就等於找到了拉近彼此距離、搞定對方的最好工具。

與意氣相投的人在一起，往往會有酒逢知己千杯少的感覺，總是覺得彼此有說不完的話題。

因此，當我們和陌生人往來時，不妨多尋找彼此在興趣、性格、閱歷等方面的共同之處，使雙方在越談越投機的過程當中，獲得更多關於對方的資訊，迅速拉近距離，增進感情。

只要和對方意氣相投，往往會帶來意想不到的收穫。

老張最喜歡的一件外套被洗衣店的人熨了一個焦痕，決定向洗衣店要求賠償。他與洗衣店的員工做了幾次交涉，都沒有獲得滿意的結果，於是決定直接找洗衣店的老闆談。

進了辦公室，看到洗衣店老闆面無表情地坐在那兒，老張心裡覺得更不爽快了。「老闆，我剛買的衣服被你的員工──不負責任的員工熨壞了，我來是要求賠償的，這件衣服六千多元。」張先生大聲地說道。

想不到老闆看都沒看他一眼，冷淡地說：「接貨單上寫著『損壞概不負責』的協定，所以我們沒有必要賠償。」

出師不利，冷靜下來的老張開始尋找突破口。他突然看到老闆背後的牆上掛著一隻網球拍，心中便有了主意。

「老闆，你喜歡打網球啊？」老張輕聲地問道。

「是的，這是我唯一，也是最喜愛的運動了。你也喜歡嗎？」老闆一聽到網球的事，立刻卸下冷面具。

「我也很喜歡打網球，只是打得不怎麼好。」老張故作高興，而且表現出虛心求教的樣子。

洗衣店的老闆一聽，更高興了，就向碰到知音一樣，與老張大談網球技法與心得。談到得意時，老闆甚至站起來做了幾個動作，老張則在旁邊大加稱讚老闆的動作俐落。

等聊打網球聊了一個段落，老闆坐下來才想到，「哎喲，差點忘了，你那衣服的事……」

「唉呀，沒關係，我向你學了那麼多網球的知識，已經夠了！」老張繼續表現地很謙虛。

「這怎麼行？小楊！」隨即一個店員開門進來，老闆吩咐道：「你給這位先生開張支票吧……」

在人性高速公路上，心機絕對是讓你避免受重傷的「安全氣囊」，在爲人處世方面，心機則是你的「心靈防彈衣」。

這位老張可以說是位善於察言觀色的辦事高手。

他看出這位洗衣店老闆吃軟不吃硬，便先平息自己的怒氣，接著巧用心機，先找出能夠切入的共同點，讓洗衣店老闆能夠在別人面前一展風采，只要他一開心，什麼話都好說。

共同點是雙方交往的關鍵，也是交涉、談判的突破點，只要抓住它，就等於找到了拉近彼此距離、搞定對方的最好工具。

把馬屁拍到對方的心坎裡

稱讚讓對方引以為榮之處，說到對方的心坎裡，便能更輕易地破除陌生感，逐漸拉近雙方的距離。

美國口才專家鮑特說：「在注重自我行銷的商業社會裡，說話已經成為專門藝術，說話的能力決定一個人做成多少生意。」

與人交往，要想贏得對方的喜歡，並不是一件容易的事情。但是，如果能夠真誠地讚賞對方，那麼雙方的交流就能夠順利進行，也就能夠贏得對方的善意回應。

世界著名企業柯達公司的總經理伊斯曼雖然是個相當成功的企業家，擁有很高的社會地位，但仍然如同大多數人一樣，渴望得到別人的讚賞。

當他準備在羅切斯特建造伊斯曼音樂學院和基爾伯恩大劇院時，優美座椅公司的經理亞當斯希望能承攬其中的座椅業務。他打電話給伊斯曼雇用的建築師約托，請約托與他到羅切斯特拜訪伊斯曼。

約托對亞當斯說：「我知道你想要得到這筆訂單的急切心情，但我可以告訴你，伊斯曼先生是個很嚴厲的人，他的時間觀念非常強烈，如果你佔用他的時間超過五分鐘，這筆業務成功的希望就很小了。所以，我建議你到時候最好長話短說。」

聽了約托的忠告之後，亞當斯做好了心理準備。

當亞當斯來到伊斯曼的辦公室後，看到裝潢如此講究、精細，心想伊斯曼一定會引以爲榮，於是抓住這一點，說他從沒見過比這更棒的辦公室。

這話伊斯曼非常愛聽，他的確一直把這間辦公室當作自己的一件傑作。就這樣，他們熱烈地談起了辦公室。

伊斯曼說：「是啊，如果你不提，我倒眞的想不起這些了。當初它裝修好，我就非常喜歡它。但現在工作纏身，長久以來我竟然忘了多欣賞自己這個漂亮的辦公室。」

亞當斯摸了摸辦公桌，對伊斯曼說：「這是英國橡木吧？它與義大利橡木在質地上有點兒差異。」

「是的。」伊斯曼回答：「那是進口的英國橡木桌子，是一位對硬質木材很有研究的朋友特別為我挑選的。」

不自覺地，伊斯曼帶領亞當斯和約托參觀了整間辦公室，還詳細介紹各種物品的大小比例、顏色、雕刻，以及哪些是他參與之下設計完成的。

很顯然地，伊斯曼很樂意向他的客人展示這些東西。

不僅如此，伊斯曼還談了自己的艱苦創業過程以及自己的母親等等，兩個人如同多年的老朋友一樣傾心交談。時間一點一點地過去，兩個人竟然談了兩個多小時，還一起吃了頓飯。

最後，亞當斯輕而易舉地拿下了價值九百萬美元的座椅訂單。從此，亞當斯與伊斯曼一直保持著朋友的關係。

很顯然地，亞當斯之所以能夠輕而易舉達成了自己的目的，並且還能跟對方建立的友好的關係，關鍵就在於亞當斯懂得恭維的藝術，適時適度地稱讚讓對方引以爲榮之處。

亞當斯把馬屁拍到了對方的心坎裡，雙方就此結交，也就不足爲怪了。

不論是日常生活或是商業場合，面對陌生人不知道該如何打破藩籬時，不妨試著稱讚對方的得意之處，比如髮型、衣著、成就……等等。

這樣一來便能更輕易地破除陌生感，逐漸拉近雙方的距離。別懷疑，再難搞的人往往也吃這一套。

從對方感興趣的地方入手

與陌生人交談，並不像想像中那麼困難，只要選擇適宜的話題和方式，就能有效拉近雙方的距離，達到自己的目的。

找到與陌生人交談的話題，其實並不困難。首先，要學會不論碰到哪種對象，都能運用談話技巧引起對方的興趣，然後再進行進一步交流。

一旦你的談話內容引起對方的興致，接下來開展自己的工作就會很順利，目的也就很容易達成。

菲力普小時候有一次在小阿姨家中度週末，一位中年人也來到小阿姨家作客。和小阿姨隨便聊了幾句之後，那個人把注意力轉移到菲力普身上。

菲力普從小就對船隻很感興趣，這位客人也滔滔不絕地和菲力普談論這方面的知識，小菲力普跟他聊得很開心。

那個人離開後，菲力普還對那位客人讚賞不已。小阿姨說，那位客人是紐約的一位牧師，對船毫無興趣也沒有研究。

「是嗎？那他爲什麼願意與我談論有關船隻的事情呢？」菲力普感到訝異，不解地問小阿姨。

小阿姨回答說：「這位牧師是一位善於交談的人，他知道你對船隻很感興趣，就談論能使你高興的話題。這樣一來，他就讓自己成了一個受歡迎的人。」

從那次談話之後，菲力普學會了與陌生人談話的技巧，並在他以後的社交場合派上用場。

與陌生人交談，除了儘量談論對方感興趣的話題之外，還要掌握一些交談的原則，以免產生尷尬的場面。

首先，不能獨佔談話的時間。交談是雙方之間相互交流，不能只顧自己高談闊論，而不給對方發表意見的機會。

要知道，對方不僅是聆聽者，更是參與者。

如果你只顧著獨自一人滔滔不絕，對方就不願再聽你說下去，那是一種不尊重對方的表現。

其次，不能自吹自擂。與陌生人交談，自吹自擂是最要不得的行爲。假如你自吹自擂，無形中就意味著看不起對方、不尊重對方。如此一來，對方就會覺得你既不穩重又不值得往來，也就不願與你再進行深入的交往。

此外，認眞傾聽對方說話，既是尊重對方，也是瞭解對方的好時機。

與陌生人交談，並不像想像中那麼困難，只要選擇適宜的話題和方式，就能有效拉近雙方的距離，達到自己的目的或效果。

如同故事中那位紐約牧師所展現的，談論對方最感興趣的事情，是有效促進交往深度的一條捷徑。

懂得如何與陌生人交談，不僅對工作有幫助，對人際交往也同樣有所助益，可以讓你在解決某些事情之時獲得有效的助力。

找到共鳴就能增進感情

沒有瞭解就無所適從，只有瞭解了，才會知道該從何處入手展開交流。盡可能尋找雙方的「共鳴點」，善用熱情，拉近心理距離。

在每個人的工作和生活中，難免要與各式各樣的人往來。人與人之間的距離既遠又近，如果懂得如何接近陌生人，那麼，雙方就很容易由陌生人變爲朋友，相反的，要是不知如何接近，可能與對方永遠無法有交集，雙方可能永遠都是陌生人。

一個人若要與陌生人順利溝通，前提是要儘量瞭解對方。瞭解得越多，溝通便會越輕鬆。

與陌生人往來，如果能找到一個令人感到愉快的話題，那麼你們之間的距離將會越來越近。

在一次宴會上，羅斯福總統見到許多素不相識的人。這些人雖然都認得羅斯福，也知道他是總統，但是卻並不因爲他的政治地位較高，就表現出逢迎諂媚的態度。

羅斯福向坐在旁邊的路斯．瓦特博士悄悄地說道：「路斯．瓦特，請你把坐在我對面所有賓客的概況都告訴我。」

不一會兒，羅斯福對那些陌生人有了大致的瞭解，知道每個人最值得驕傲的是什麼、從事過何種事業、有什麼愛好……等等。

根據這些，羅斯福找到了與那些陌生人交談的最好話題，他便主動與那些人攀談，很快地消除了彼此之間的陌生感。

試想，羅斯福如果沒有事前進行瞭解，那麼即使再聰明，也無法恰到好處地與那些陌生人進行言語上的交流。沒有瞭解就無所適從，只有瞭解了，才會知道該從何處著手展開交流。

與陌生人打交道，如何開頭是重要的關鍵。有一個好的開頭，還要慎選與對方交談的方式。活潑、生動的交談最容易拉近兩顆心的距離，使雙方產生共鳴。這麼一來，即使是陌生的人，也很容易成爲朋友。

若要使對方信服你，談話便要言之有據、言之有理、言之有物，言談務必要乾淨俐落、簡明扼要。

記住，長篇大論的「演說」只會使對方失去耐心。

當對方說話時，要及時做出積極的反應，經常以點頭、微笑、手勢等回應，讓對方明白你在認眞地聽、用心地體會，這樣才能使對方保持高昂的興致，感到你的尊重。

如果對方向你提出問題時候，回答要表現得友好、眞誠。如果對方初次見面便向你透露心事，就要留心地傾聽，但不要匆忙地表達看法。即使對方向你徵詢意見，回答也務必要謹愼，不能引起對方的反感。

與人交流，要盡可能尋找雙方的「共鳴點」，而不是去評論他人的不足或說會使場面尷尬的話，善用你的熱情，拉近心理的距離，如此便能有利於雙方關係的發展。

加點幽默，才能搞定對手

在為人處事當中逐步掌握幽默技巧，就能夠巧妙地應付各種尷尬的場面，搞定難纏的對手。

幽默不僅能使人發笑、讓場面輕鬆，還能增添個人的魅力和風采。在針鋒相對的競爭過程當中，如果懂得用輕鬆的心情迎戰對手，就能增進雙方的感情，促進彼此之間更深入的溝通。

學會用幽默來包裝自己，在事業上將有意想不到的收穫。

美國的羅斯福總統和英國的邱吉爾首相在二次世界大戰期間，某次爲了研究如何對付法西斯，舉行一次會晤。

在會面過程當中，雙方仔細地談論了對付日本、德國和義大利的詳細計劃，但在某些利益分配上，由於各自都爲自己的國家著想，以至於無法盡快達成一致的協定，兩人都覺得很傷腦筋。

一天晚飯過後，邱吉爾去拜訪羅斯福，邱吉爾沒有讓工作人員傳報，直接進入羅斯福的住處，羅斯福剛剛洗完澡出來，正好一絲不掛地面對邱吉爾，兩個人都很尷尬。

羅斯福先反應過來，哈哈大笑著說：「邱吉爾首相，我羅斯福眞是毫無保留地向大英帝國全面開放啊！」

兩個人都哈哈大笑起來，一場尷尬的場面就這麼化解了，還爲接下來的溝通奠定了友好的基礎，兩人還結成了深厚的友誼。

在這種尷尬的時候，幽默是最好的潤滑劑，透過幽默能建立兩人之間的那種親密無間的友誼。

想要和別人輕鬆溝通，必須掌握幽默的基本技巧。

• 必要時先「幽自己一默」，即自嘲，開自己的玩笑。

• 發揮豐富的想像力，把表面上不同的事物或想法聯結起來，讓它們產生意想不到的效果。

• 提高語言表達能力，注重與語言的搭配和組合。

如果在爲人處事當中逐步掌握幽默技巧，就能夠巧妙地應付各種尷尬的場面，搞定難纏的對手。

人們都喜歡幽默的人，富有幽默感而成功的人不勝枚數，幽默是一種使人更具魅力的工具。

對於幽默這項工具的恰當運用，會使你的生活充滿活力，人際交往和諧、自然，更能使你在競爭中智勝一籌，並能夠順利解決難題。

具備溝通智慧，凡事輕鬆搞定

唯有具備良好的溝通能力，才能在現代社會遊刃有餘。靈活應用溝通智慧，會使你成為一個左右逢源的成功人士，解決別人解決不了的人和事。

言語是現代社會必備的競爭資本，溝通的藝術決定你能不能搞定難纏的人物，繼而搞定棘手事情。

只要能夠掌握交談的奧妙，就會在任何社交場合都能在談笑當中解決問題，並且還有機會交到志同道合的朋友。

有的人以爲交談就是聊天，只要開口就能聊天，是很簡單的事情，殊不知，聊天也有它的藝術性。

一九八六年十月十五日，中共領導人鄧小平會見英國女王伊莉莎白二世和她的丈夫愛丁堡公爵菲力普親王。

鄧小平對伊麗莎白說：「見到妳非常高興，請接受一位中國老人對妳以及親王的歡迎和敬意。」

鄧小平以「一位中國老人」自稱，不僅是謙虛的表現，更說明了中國人民對英國貴賓的友好態度。

接著他又說道：「這幾天北京的天氣很好，這也是對貴賓的歡迎。可是，北京的空氣比較乾燥，要是能『借』一點倫敦的霧就好了。小時候，我就聽說倫敦霧重，在巴黎時，聽說登上愛菲爾鐵塔就能看得見倫敦的霧。我曾經登上過兩次，可是很不巧，天氣都不好，沒有看到倫敦的霧。」

愛丁堡公爵說道：「倫敦的霧是工業革命時的產物，現在沒有了。」

鄧小平風趣地接著說：「是嗎？那要『借』你們的霧就更困難了。」

公爵說道：「可以『借』點雨給你們，雨比霧好。你們也可以『借』點陽光給我們。」

表面上，中英雙方都在談「天氣」，談「霧」談「雨」，談「陽光」，這是很標準的「寒暄」，但是寒暄的背後，雙方已開始融洽氣氛、聯絡感情，為進一步會談打下良好的基礎。

愛丁堡公爵所說「倫敦的霧是工業革命時的產物，現在沒有了」，實際上是表現了英國工業歷史悠久而且環境治理成效顯著的自豪。而「借」霧，「借」雨，「借」陽光之類的言辭，也委婉且巧妙地傳達著雙方有著互助互利、友好合作的誠意。

在這個注重自我行銷的商業社會裡，說話已經成為一門不得不學的藝術，因為，增強說話能力，更容易達成自己的目的。

想要溝通順利，順利達成目的，就必須先看穿對方言談之間潛藏的心思，然後再用對方最喜歡聽的話語，準確無誤地傳達自己的意思。

交談的藝術無處不在，只要你時時留心，多聽、多想，每個人都能成為交際高手，進而結交更多的朋友，為自己的生活或是事業增添色彩。

只要能增強自己的溝通能力，就能增添自己的魅力與說服力，搞定難纏的人物，讓事情順利達成。

唯有具備良好的溝通能力，才能在現代社會遊刃有餘。細心研讀並靈活應用溝通智慧，會使你成爲一個左右逢源的成功人士，解決別人解決不了的人和事。

的確，具有良好的口才，表達能力強又彬彬有禮的人，必然是現代社會的常勝軍。如果你想成爲成功的傑出人士，就必須掌握溝通的藝術，鍛鍊自己的說話能力。

3.

巧用暗示，點到為止

直截了當回應，
很多時候不但無法有效解決問題，
反而會讓情況更加複雜，
不妨巧妙地旁敲側擊，
用暗示的方式和對方溝通。

機智善辯搞定對手

社交過程中要善於發現問題，隨著情況的變化不斷調整應變策略，以靈活的思考為基礎，以機智搞定為難你的對手。

社會是一個複雜多彩的舞台，交際是這個舞台中必不可少的角色，溝通則是扮演好這個角色的道具。

人想要適應這個社會、這個時代，就要努力扮演好自己獨特的角色。逢場作戲肯定難以長久，真心溝通、友好交流才是結識朋友、展現自我魅力的最佳方式之一。

在交際的過程當中，有時難免會遭遇到難堪或是尷尬的場面，此時就需要發揮機智。

機智能使人擺脫尷尬，融洽人與人之間的關係，獲得廣泛的友誼，同時也是事業成功的重要因素之一。

機智能夠仰賴後天的培養，只要肯學、善學，就能夠獲得。

當美國第三十五任總統候選人提名時，由於甘迺迪非常年輕，成了競選的不利條件。當時，衆議院發言人薩姆·雷伯恩就曾批評：「甘迺迪是乳臭未乾民主黨領導人之一。」

甘迺迪笑道：「薩姆·雷伯恩可能認爲我年輕，不過對於一位已經七十八歲的人來說，他眼中的大部分人都很年輕。」

甘迺迪用機智回擊了他的對手，但對手們並不善罷干休。哈里·杜魯門在一次全國性演說中向甘迺迪挑戰，「我們需要的是一個極其成熟的人。」

甘迺迪則還擊說：「如果年齡一直被認爲是一個標準，那麼美國將放棄對四十四歲以下所有人的信任。這種排斥可能阻止傑佛遜起草《獨立宣言》、阻止華盛頓指揮獨立戰爭中的美國軍隊、阻止麥迪遜成爲起草憲法的先驅、阻止哥倫布發現新大陸。」

一家英國電視台的記者在採訪大陸著名作家梁曉聲時提一個十分刁鑽的問題：「沒有文化大革命，可能就不會產生你們這一代作家。那麼，文化大革命在你看來是好還是壞？」

這個問題確實難以回答，文化大革命不是容易說得清楚的問題，不論回答是好是壞，都容易觸碰到敏感的政治問題，很顯然地，這名英國記者的用意是想讓梁曉聲爲難。該怎麼辦？

面對這個問題，梁曉聲鎭定自如，機智地反問道：「沒有第二次世界大戰，就沒有以反映第二次世界大戰爲著名的作家。那麼，你認爲第二次世界大戰是好還是壞呢？」

聽完這樣的回答，英國記者哈哈大笑，與梁曉聲握手言和，後來二人還成了很好的朋友。

詩人白朗寧曾經說過：「一個人成功與否，並不在於如何循規蹈矩，而在於是否能在關鍵時刻用些心機。」

不管做什麼事，一定要讓自己的腦子多轉動。如果你不願花點心思想想，老是直來直往，非但無法順利達成目的，還會陷入各種麻煩之中。

甘迺迪和梁曉聲在遭到突如其來的詰難之時，都以非常機智靈敏的方式巧妙地回答對方，並予以有力的反擊，最後也都順利解決問題。

面對紛雜的人與事，既要善於發現問題，判定相應的對策，還要隨著情況的變化不斷調整應變策略，才能使事情朝自己期盼的方向發展。

機智的話語可以使人擺脫困境，機智的溝通方式則會使人得到意想不到的收益。

當然，這都要以靈活的思考模式為基礎。每個人都應該鍛鍊自己這方面的能力，以機智搞定為難你的對手。

具備溝通智慧，才能事半功倍

在與人交鋒之前，最好擬定周詳的計劃，無論對手放出什麼暗器，你事先準備好的撒手鐧，就是搞定對方的必勝法寶。

作家肯尼斯．古地曾說：「如果你能從別人的角度多想想，你就不難找到妥善處理問題的方法。」

處理人，永遠比處理事情還困難。在這個注重行銷的年代，溝通能力已經成了最重要的競爭力。因此，想要搞定棘手的事情，就必須發揮巧妙的溝通技巧，先把關鍵人物搞定。

有備才能無患，與熟悉的人交往如此，與陌生人更應該這麼做。只有在事先儘量仔細地安排，才能在與對方交流的時候多幾分勝算。

有一次，拿破崙．希爾應邀向俄亥俄監獄的服刑人發表演說。他一站上講台，就看到眼前的服刑人中，有一位是十年前結識的朋友約翰，從前他曾是一位成功的商人。

拿破崙．希爾演講結束之後，與約翰見了面，瞭解他是由於僞造文書被判二十年徒刑。聽完他的遭遇之後，拿破崙．希爾說道：「我要在六十天之內讓你離開這裡。」

約翰搖了搖頭，臉上露出苦笑，回答說：「我很佩服你的精神，但你可知道，至少已經有二十位具有影響力的人士運用他們所知的各種方法，想讓我獲得釋放，但一直沒有成功。因爲這是辦不到的事！」

或許就是因爲約翰最後的那句話——這是辦不到的事，向拿破崙．希爾下了戰帖，因此他決定向約翰證明他一定可以辦到。

他的腦海中有一個「明確的目標」，要把約翰弄出俄亥俄監獄，他仔細地考慮，制定了詳細的計劃。

第二天，拿破崙．希爾前去拜訪俄亥俄州長，向他表明了此行的目的。他是這麼說的：「州長先生，我這次是來請求您下令把約翰從俄亥俄州立監獄中釋放出來。我有充分的理由請求您釋放他，希望您立刻給他自由。」

「在服刑期間，約翰在俄亥俄州立監獄中推出一套函授課程，您當然也知道這件事，他已經影響了監獄中兩千五百一十八名囚犯中的一千七百二十八人，他們都參加了這個函授課程。更難得的是，他這麼做並未花費州政府一分錢。監獄的典獄長及管理員告訴我，他一直很小心地遵守監獄的規定。一個能夠讓一千七百多名囚犯努力學習的人，絕對不會是個壞傢伙。」

「我來此請求您釋放約翰，因爲我希望您能派他擔任一所監獄學校的校長，這將使得美國其餘監獄的十六萬名囚犯獲得向善學習的機會。我準備擔負起他出獄後的全部責任。」

「我並不是不明白，如果您將他釋放，您的政敵可能會藉此機會攻擊您。事實上，如果您將他釋放，而且又決定競選連任，將會使您失去很多選票。」

俄亥俄州州長維克．杜納海聽完希爾這番話之後，緊握了拳頭，寬廣的下巴顯示出堅定的毅力，回答說：「如果這些就是你對約翰的請求，我將釋放他，即使這麼做會使我損失五千張選票，也在所不惜。」

這次說服工作就如此輕易地完成了，而且整個過程費時竟然不超過五分鐘。三天以後，州長維克．杜納海簽署了赦免特狀，約翰走出了監獄的大門，再度恢復了自由之身。

柯立芝曾經強調溝通能力的重要：「言語是人類心智的軍火庫，藏著以往的戰利品，更藏著征服未來的武器。」

確實如此，言語是現代社會必備的競爭資本，溝通的藝術決定你能不能搞定事情。只要能增強自己的溝通能力，就能增添自己的魅力與說服力，搞定難纏的人物，讓事情順利達成。

拿破崙．希爾之所以能夠成功說服州長，與他的周密考慮和精心安排分不開，有條不紊且言之成理的說服方式，終於讓州長點頭答應。

拿破崙．希爾事先調查了約翰在獄中的行爲表現相當良好，而且對一千七百二十八名囚犯提供良好的學習服務，於是擬定了說服策略，直接向最關鍵的人物提出請求。

他知道，當約翰創辦了世界上第一所監獄函授學校時，同時也爲他自己打造了一把開啓監獄大門的鑰匙。

這個案例說明了，想搞定事，必須先搞定人；想說服別人或是與人交鋒之前，最好擬定周詳的計劃，這麼一來，無論對手放出什麼暗器，你事先準備好的撒手鐧，就是搞定對方的必勝法寶。

巧用暗示，點至為止

直截了當回應，很多時候不但無法有效解決問題，反而會讓情況更加複雜，不妨巧妙地旁敲側擊，用暗示的方式和對方溝通。

不管做什麼事，一定要講究策略和技巧。

如果你不願花點心思想想如何影響對方，老是直來直往，非但無法順利達成目的，有時還會陷入各種無法預知的陷阱和困境之中，使自己的人生充滿危機。

暗示，也是人與人之間相互影響的一種方式。

暗示往往出於特殊目的，採取隱晦、含蓄的語言和行爲，巧妙地向對方發出某種訊息，由此影響對方的心理，使對方不自覺地接受自己的建議、意向，進而改變自己的行爲。

美國經濟大蕭條時期，想找到一份工作是很困難的。有位小女孩幸運地在一家高級珠寶店找到了一份銷售珠寶的工作。

有一天，珠寶店裡來了一位衣衫襤褸的年輕人，滿臉悲愁，雙眼緊盯著櫃檯裡的寶石首飾。

這時，電話鈴響了，女孩趕忙前去接電話，一不小心碰翻了一個碟子，有六枚寶石戒指掉到地上。

她慌忙撿起其中五枚，但第六枚卻怎麼也找不到。此時，她看到那個年輕人正緊張地向門口走去，頓時知道那第六枚戒指在哪裡了。

那個年輕人走到門口時，女孩叫住他：「對不起，先生！」

那個年輕人轉過頭來，問道：「什麼事？」

女孩看著他抽搐的臉，一聲不吭。

那個年輕人又問了一句：「什麼事？」

女孩這才神色黯然地說：「先生，這是我的第一份工作，現在工作很難找，是不是？」

年輕人很緊張地看了女孩一眼，抽搐的臉才浮出一絲笑意，回答說：「是的，的確如此。」

終於，那位年輕人伸出手，說道：「我可以祝福妳嗎？」

女孩也立刻伸出手來，兩隻手握在一起。女孩仍以十分柔和的聲音說：「也祝你好運！」

隨即，那個年輕人轉身離去。女孩則慢慢走向櫃檯，把手中握著的第六枚戒指放回原處。

毫無疑問地，這是一起盜竊案，在通常情況下，大部分人會大呼小叫地抓竊賊或者報警。但是，這個女孩卻巧妙地運用了暗示，既不驚慌失措也不聲張，讓小偷主動歸還了竊物。

暗示是一種既溫和婉轉又能清晰明確表達想法的溝通藝術，運用迂迴的語言含蓄地表達意思的方法。這是交際中的一種緩衝方法，能使原本也許困難的人際交往變得順利，讓對方在比較舒適的氛圍中領悟到話中眞正的涵義。

暗示的顯著特點是「言在此而意在彼」，能夠誘導對方去領會你的語意，尋找言外之意。

從心理學的角度來看，委婉暗示的話語，不論是提出自己的看法還是勸說對方，都能顧及對方的自尊，使對方更容易接受你的說法，進而達到了溝通的目的。

生活中有很多尷尬的事情發生，如果選擇直截了當回應，很多時候不但無法有效解決問題，反而會讓情況更加複雜，甚至產生難以預料的後果。

此時，不妨巧妙地旁敲側擊，用暗示的方式和對方溝通，如此將能夠產生明顯的效果，既解決了問題又不傷和氣。

好言相勸勝過惡語相對

人的想法不易改變。你不能強迫他們同意你的觀點，但你完全有可能引導他們，只要你溫和友善且言之有理。

再怎麼有修養的人，有時也許會激怒了他人，或者被人激怒。

人被人激怒，也許就會激動地說出一大堆氣話，在情緒宣洩的當下確實能夠消除自己的憤怒，讓自己感到分外輕鬆，但是，你有沒有站在對方的立場著想？有沒有想過別人會有什麼感受？

「假如你握緊雙拳找上我，我想我也會不甘示弱。」伍德羅．威爾遜說道：「但是，假如你對我說：『讓我們坐下來討論。』如果我們的意見不同，那就找出不同之處在哪裡，問題的癥結在哪裡，那麼，我是可能接受的。我們也許只在部分觀點不同，但大部分還是一致的。只要彼此有耐心，願意開誠佈公，還是可以達到一致的步調。」

威爾遜的這番說法顯然還不及小洛克菲勒。

一九一五年，發生了美國工業史上最激烈的罷工，並且持續了兩年之久。在科羅拉多州，憤怒的礦工要求科羅拉多燃料鋼鐵公司提高薪水，當時小洛克菲勒正負責管理這家公司。由於群情激憤，公司的設備遭受破壞，政府還派軍隊前來鎮壓，因而造成流血衝突，不少罷工工人被射殺。

那樣的情況之下，可說是民怨沸騰。但小洛克菲勒最後卻贏得了罷工者的信服，他是怎麼做到的呢？

小洛克菲勒花了好幾個星期結交朋友，並向罷工者代表發表演說。那次的演說相當精采，他不但平息了衆怒，還爲他自己贏得了不少讚賞。

演說的內容是這樣的：

「這是我一生當中最值得紀念的日子，因爲這是我第一次有幸能與這家大公司的員工代表們見面，還有公司行政人員和管理人員。我可以告訴你們，我很高興能夠站在這裡，有生之年都不會忘記這次聚會。」

「假如這次聚會提早兩個星期舉行，那麼對你們來說我只是個陌生人，我也只認得少數幾張面孔。但由於這兩個星期以來，我有機會拜訪整個南區礦場的營地，私下和大部分代表交談過。我拜訪過你們的家庭，與你們的家人見面，因而現在我不算是陌生人，可以說是朋友了。基於這份互助的友誼，我很高興有這個機會和大家討論我們的共同利益。」

「由於這個會議是由資方和勞工代表組成，承蒙你們的好意，我得以坐在這裡。雖然我並非股東或勞工，但我深覺與你們關係密切。從某種意義上說，也代表了資方和勞工。」

多麼出色的一番演講，這可能是化敵為友的一種最佳藝術表現形式之一。

假如小洛克菲勒採用的是另一種方法，與礦工們爭得面紅耳赤，用不堪入耳的話語辱罵他們，或暗示錯在他們，用各種理由證明礦工的不是，那麼結果只會招惹更多的怨憤和暴行。

假如人的心裡忿忿不平，對你的印象惡劣，那麼，就算你說破了嘴皮子，也很難使他們信服。

想想那些好責備的雙親、專橫跋扈的上司、嘮叨不休的妻子，我們就應該體認到一點：人的想法不易改變。

你不能強迫他們同意你的觀點，但你完全有可能引導他們，只要你溫和友善且言之有理。

先搞定心情，再搞定事情

只有掌握說話的藝術，進行良性溝通，才能扭轉人心，只要搞定了人的心情，處理起事情就輕鬆多了。

林肯常常說一句古老且顛撲不滅的處世真理：「一滴蜂蜜要比一加侖的膽汁能招引更多蒼蠅。」

處理事情也是如此，想解決事情，必須先贏得人心；想贏得人心，首先要讓他人相信你是最真誠的朋友，那樣就像有一滴蜂蜜吸引住他的心，接著就能搞定所有事情。

商界人士都知道，對於罷工者表示友善的態度是必要的。舉例來說，懷特汽車公司的某個工廠有二百五十名員工，因要求加薪不成而進行罷工抗議。

當時公司的總裁羅伯．布萊克沒有採取動怒、責難、恐嚇或發表霸道言論的做法，而是在報上刊登一則廣告，稱讚那些罷工者「用和平的方法放下工具」。布萊克發現罷工的員工無事可做，便買了許多球棒和手套讓他們在空地上打棒球。有些人喜歡保齡球，他便租下一個保齡球場。

布萊克富於人情味的舉止，得到的當然是富有人情味的反應。那些罷工者找來了掃把、畚斗和推車，開始把工廠附近的紙屑、煙蒂等垃圾掃除乾淨。這眞是想像的景象！一群罷工工人在爭取加薪的同時，竟然清掃工廠附近的地面！這在漫長、激烈的美國罷工史上是絕無僅有的。這次罷工終於在一星期內獲得和解，並沒有產生任何不快或遺憾。

美國著名律師丹尼．韋伯斯特之所以被許多人奉若神靈，就在於他也相當懂得運用溫和的、尊重對方的話語來處理事情。

雖然他的聲譽如日中天，但他那極具權威的辯論始終充滿了溫和的字眼，他的辯論中經常出現這些詞語：「這有待陪審團的考慮」、「這也許值得再深思」、「這裡有些事實，相信您沒有疏忽掉」、「這一點，由您對人性的瞭解，相信很容易看出這件事的重大意義」……

這些言詞沒有恫嚇，沒有高壓手段，沒有強迫說明的企圖，韋伯斯特用的都是最溫和、平靜、友善的處理方式，但仍不失權威性，這正是他成功的最大助力。

人與人之間難免產生摩擦和衝突，需要進行理性溝通，惡言相對是說話，好言相勸也是說話，但兩者產生的效果卻截然相反。能說、會說的人在處理事情時絕對不會採取前者，那樣反而會讓事情往更糟的方向發展。

只有掌握說話的藝術，進行良性溝通，才能扭轉人心，只要搞定了人的心情，處理起事情就輕鬆多了。

婉言提醒勝過嚴詞批評

婉言提醒的解決方式，遠比一味的指責來得聰明，也比較沒有後遺症，因為你成功地抓住了這個犯錯的人的心。

每個人做事都難免會出現失誤，不必事事求全，也不必厲聲責備。迫不得已必須批評別人時，也應該注意說話的技巧，不能譏諷、挖苦，那將會傷害到對方的自尊心，引發更多難以預測的後果。

應該儘量以平和或溫和的態度面對你的批評對象，剔除情緒的成分，調整好適當的表情、態度、聲調，讓原本刺耳的批評話語不那麼尖銳，進而產生更積極的效果。

美國一位著名的飛行員，經常參加飛行表演。

有一次，他在聖地牙哥舉行空中表演，返回洛杉磯基地的途中，飛機的兩個發動機在飛至三百公尺高時突然熄火，幸好他臨危不亂，憑著熟練的技術讓飛機安全降落。

雖然沒有任何傷亡，但是飛機卻遭到了嚴重的損壞，著陸之後，他立刻檢查飛機燃料，果然如他推測，加錯了燃料。

回到機場後，他要求見那位爲他的座機服務的機師。當時，那個年輕人已經爲自己的過失感到非常苦惱，當飛行員走近他時，甚至哭了出來。由於他的過失，一架非常昂貴的飛機被毀了，而且差點使三個人送命。

然而，這位飛行員沒有像人們想像的那樣，怒氣沖沖地指責那位機師的失誤，而是上前摟著他的肩膀說：「爲了向你表示我堅信你不會再發生這類失誤，我希望你明天爲我的F-15提供最優質的服務，如何？」

後來，這位機師不但沒有再犯那樣的錯誤，而且表現得更加出色。

人做錯事時，內心往往會反省，覺得抱歉、慚愧、恐慌、不知所措，此時如果再加以批評指責，只會讓他更加羞愧難過，有的甚至會惱羞成怒，伺機暗中報復。

但如果轉換語氣，就能獲得很好的效果，例如「以後做事，要更加注意」或是「我想，下次你一定不會再犯類似的錯誤了」。諸如此類的話，對方聽了不僅會感激你對他的信任，同時也能感受到你的眞誠，更重要的是，能讓他心中產生改正錯誤的信心。對方在今後的工作、生活當中，也必定會更加小心謹愼，不再犯同樣的錯誤。

婉言提醒的解決方式，遠比一味的指責來得聰明，也比較沒有後遺症，因爲你成功地抓住了這個犯錯的人的心。

真情表白，找個好工作並不難

在求職面試過程中，真情表白是牽動主考官心弦的繩索。只要能夠引起注意，就意味著你有希望取得應徵的職位。

求職過程中，面試是必不可少的一道關卡，唯有懂得通關密碼，它才會引領你步入職場的大門。

面試時必定會有言語上的溝通，如果在溝通的過程中懂得運用幾句精妙絕倫的話打開主考官的心扉，那麼將使你在求職的過程中攻無不克。

李小姐到台北求職，到無數家公司面試，面試之後卻都沒有了下文。

這是她第二次到這家公司求職，上次沒有獲得錄用，這次她鼓起勇氣再度上門應徵。

人事部的張小姐大略看了一下她的履歷表之後，便安排她進去見總經理。於是，她整理了一下衣著，走進豪華的總經理辦公室，一位白髮蒼蒼的老人懶洋洋地說了聲「請坐」。

爲了打破僵局，李小姐說：「您好，這是我的履歷表，來貴公司應徵商務代表。」接著把履歷表小心翼翼地遞上去。

「嗯。」總經理隨意瀏覽後，信手把履歷表丟進旁邊一堆資料上。

看到這個舉動，李小姐感到心灰意冷。看著忙碌的總經理，心中頓時湧上一股悲涼，接下來她回答的問題連自己都覺得僵硬不自然。

面試結束了，老闆面無表情地說：「好了，妳可以走了。」

再次被拒絕使她備感失落。剎時間，一種想要扭轉乾坤的念頭緊緊纏繞著李小姐，她大步走到總經理面前，堅定地說：「總經理，請給我一次機會，這次應徵我不想失敗，我相信我可以，因爲我不怕任何競爭的壓力，我期待能與貴公司甘苦與共，我一定可以的，一定……」

語一說完，李小姐的眼眶溼溼的，這段時間累積的疲憊、壓力、擔憂、辛酸都湧了上來，但她仍然努力抑制自己的情緒，堅強、從容地走出了總經理辦公室。

第二天，李小姐的手機響了，是張小姐的聲音，她告訴李小姐，她被總經理錄用了。

在求職面試過程中，一段眞情的表白是牽動主考官心弦的繩索。只要能夠引起面試者的注意，就意味著你有希望取得應徵的職位。因此，這段成功的眞情表白，就成了與考官溝通、獲取職場「敲門磚」的金玉良言。

機會總是青睞做好準備的人，當你還沒沒無聞時，就要不斷地充實自己、完善自我，機會一旦來臨，就能順利地打開成功的大門。

自我推薦，別人才看得見

在適當的時候把握機會展現自己，把自己的過人之處凸顯出來，給自己一次機會，也給他人一次機會。

我們時常聽到有些沒能力又不努力的人，大言不慚地抱怨自己懷才不遇，是匹沒有遇上伯樂的千里馬。

其實，會說這種話的人都是經不起檢驗的庸才。

在職場上，根本不存在懷才不遇，關鍵在於你究竟有多少能耐，又如何表現自己。只要能力夠，又懂得把握住表現的機會，適時地展現自己，那麼成功將離你不遠。

戰國時代，趙國與秦國作戰屢戰屢敗，因此公子平原君向楚國求援。

他計劃從門下的食客中挑選二十名德才兼備的人和他一同前往楚國，但選出十九位之後就再也選不出最後一名了。

正當平原君感到一籌莫展時，一位名爲毛遂的人要求加入。

平原君以懷疑的態度對毛遂說：「凡人在世，如同錐子裝在袋子裡面，若是夠銳利，尖端很快就會戳穿袋子，展露鋒芒。你在我門下三年卻沒沒無聞，是不是我沒有給你表現的機會呢？」

毛遂回答說：「我之所以沒有用武之地，就是因爲我一向沒有機會，如果把我放在袋子裡面，不僅尖端，甚至連柄都能穿出袋子。」

平原君聽了話，同意讓他加入，一群人便前往楚國求援。到了楚國，毛遂果然大展鋒芒，幫助平原君完成了任務，令其他門客望塵莫及。

其實，機會的把握，取決於兩方面：

• 自己是否具備了讓人肯定的能力。

• 自己是否能在適當的時候表現自己。

毛遂在平原君門下三年卻沒沒無聞，導致平原君從來不曾注意到他。一方面是因爲毛遂沒有機會表現自己的才能，另一方面是平原君根本不曾與毛遂進行交流，當然就不瞭解毛遂的雄才偉略。

所以說，尋找適當的時機盡情展現自己，是在職場上取得勝利的要訣。當然，想表現自己也要有「資本」，千萬不能譁衆取寵。

毛遂自薦的例子應該讓我們引以爲戒，應當在適當的時候把握機會展現自己，把自己的過人之處凸顯出來，給自己一次機會，也給他人一次機會。

4.

使場面難堪的實話，不說也罷

如果講實話會造成對方的難堪，
或者對自己造成妨礙，
那就該暫且忍耐，甚至不說也罷。

別招惹心胸狹窄的小人

小人始終躲在暗處，用盡陰險手段算計他人，而且不肯輕易罷手。不要輕易得罪小人，以防吃虧。

與人交往，要避免得罪人。

有些人，你不慎得罪之後，可以透過誠心的賠罪彌補和對方言歸於好，但也有些人，一旦和你有了嫌隙，就會長久地記恨在心，使手段害你。後者就是你無論如何都不可以得罪的小人。

所謂不該得罪的人，指人品差、氣量小、不擇手段、損人利己之輩。

誰都不願意與這類難纏的人打交道，但不管願意還是不願意，仍不可避免地會碰上，這種時候千萬要小心，因爲對方得罪不起。

這些人當中的大多數，眼睛總牢牢地盯著別人的利益，隨時準備多撈一份，為此不惜動用各種手段來算計別人，令身邊人防不勝防，說不準自己什麼時候會吃虧。

唐玄宗相當喜歡外表漂亮、一表人才、氣宇軒昂的武將，但宰相李林甫心胸極端狹窄，容不得其他人受到玄宗寵愛。

有一天，唐玄宗在李林甫的陪同下，於花園裡散步，遠遠看見一位相貌堂堂、身材魁武的武將走過去，便讚歎了一句：「眞威武！」並隨口詢問起那位將軍的名字。

李林甫支吾著說不知道，心裡非常慌張，升起一股危機感，生怕唐玄宗會重用那位將軍。

事後，李林甫立即找了個藉口，神不知鬼不覺地暗中把那位受到讚揚的將軍，調到了一個非常偏遠的地方，使他再也沒有機會接觸到唐玄宗，當然，也就永遠喪失了升遷的機會。

小人是琢磨別人的專家，時常為芝麻大小的恩怨付出一切代價，因此在待人處世中，想順利與小人打交道，甚至從他們身上討得便宜，還非得拿出一套行之有效的方法不可。

什麼樣的方法，才能聰明省力地對付或利用小人呢？

如果你不想把自己的水準降低到與小人同等，也不想跟小人兩敗俱傷，那就把臉皮磨厚點吧！或者睜隻眼閉隻眼，不理了事；或者惹不起、躲得起，儘量不與小人發生正面衝突。

謹記一句話：不到萬不得已，千萬別得罪小人。

為大唐中興立下赫赫戰功的名將郭子儀，不僅於戰場上橫掃千軍，在待人處世上也是一等一的高手。

他與人打交道的秘訣，就是：「寧得罪君子，不得罪小人。」

「安史之亂」平定後，立下大功並且身居高位的郭子儀並不居功自傲，為防小人嫉妒，待人接物上反而比先前更加小心。

一次，郭子儀生病臥床，有個叫盧杞的官員前來探訪。盧杞這個人相貌奇醜，生就一副鐵青臉，臉形寬短、鼻子扁平、鼻孔朝天、眼睛小得出奇，活像個惡鬼。正因爲如此，一般婦女看到他這副尊容，都不免掩口失笑。

郭子儀聽到門人的通報，馬上下令左右姬妾都退到後堂去，不要露面，他獨自一人招呼即可。

盧杞走後，姬妾們回到病榻前問郭子儀：「許多官員都來探望您，您從來不讓我們躲避，爲什麼此人前來，就讓我們全部迴避呢？」

郭子儀微笑著說：「妳們有所不知，這個人相貌極爲醜陋，而且內心十分陰險。萬一妳們看到他，忍不住失聲發笑，他一定會忌恨在心。若將來有一天讓他掌權，郭家就要遭殃了。」

後來，盧杞果眞當上宰相，並極盡報復之能事，把所有以前得罪過他的人都陷害了，唯獨對郭子儀比較尊重，沒有動他一根毫毛。

這件事，充分展現出郭子儀的處世智慧。

要知道，小人之所以爲小人，就是因爲始終躲在暗處，用盡陰險手段算計他人，而且不肯輕易罷手。

爲人處世中，不要輕易得罪小人，以防吃虧。

君子不畏流言、不畏攻奸，因爲問心無愧。小人則不然，爲了自保、爲了掩飾，會對你展開反擊，沒有做不出來的事。

千萬別說自己根本不在意，要知道，也許他們一時奈何不了你，但來日方長，不可不防。

說話之時，先考慮清楚

說話是一門高深的藝術，說好了萬事都好，得了便宜還可以賣乖，說壞了則無異於自毀前程。

有句俗話說「逢人只說三分話」，對此你是否同意？

總有些人堅持大丈夫做人做事光明磊落，事無不可對人言，不可以只說三分話，這是一種太過單純的想法。

老於世故、善於交際的人，的確只說三分話，時刻不忘爲自己留條後路。千萬別認爲他們太狡猾、不誠實，其實這是最機智的做法，退可保身，進可佔得便宜，塑造出好形象。

說話前，必須先看清對方是什麼人，畢竟，如果不是可以盡言的人，說三分眞話，已經不算少了。

倘若面對的不是熟識相知的人，你卻暢所欲言、百無顧忌，對方的反應會如何？是否考慮過，你會不會在不知不覺間犯到他的忌諱？他真的願意耗時間聽你嘮叨嗎？彼此關係淺薄，你卻與之深談，顯出你欠缺修養與判斷力，只會讓自己在他人心中的印象分數大打折扣。

逢人只說三分話，不是不可說，而是不必說、不該說，這與自身心境行事的光明磊落、沒有任何衝突。

事無不可對人言，是指行事應該光明磊落，但是，你所做的事，並不需要一五一十地向別人宣佈。

這麼做不僅可以自保，更可以避免帶給別人困擾，絕不是不誠實，更不等同於狡猾的表現。

說話本來就有三種限制，一是人，二是時，三是地。

非其人不必說。非其時，雖得其人，也不必說。得其人，得其時，而非其地，仍不必說。

非其人，你說三分眞話，已是太多；得其人，而非其時，你說三分話，正給他一個暗示，試探反應；得其人、得其時，而非其地，你說三分話，正可以引起注意，如有必要，不妨擇地與對方另作長談，這才最理想。

說話是一門高深的藝術，說好了萬事都好，說壞了則無異於自毀前程。開口之前，必須將事情考慮清楚，想好了再說，否則，別人會認爲你是個有口無腦、不可信賴的人。

使場面難堪的實話，不說也罷

如果講實話會造成對方的難堪，或者對自己造成妨礙，那就該暫且忍耐，甚至不說也罷。

在社會上與人交際的機會越多，越會發現，很多時候，老實說話反而招人厭煩、破壞氣氛，並不受歡迎。

會說話的人早就預料到這種結果，所以在爲人處世過程中，能表現得與衆不同，彈性地根據場合、對象，區別對待，說出最合適的話。

從前，有一個非常誠實的人，無論別人問什麼事情，他都照實說。因爲這樣，他得罪了很多人，甚至連工作都丟掉了，變得一貧如洗，根本無處棲身。

一天，他來到一座修道院，懇求院方收留。

修道院長見過他並問明原因後，認為應該尊重「熱愛眞理，喜歡說實話的人」，於是同意讓他在修道院裡安頓下來。

修道院裡有幾頭已經不中用的牲口，院長想把牠們賣掉，卻又不敢派手下的人到集市去，怕他們把所得的錢私藏起來。

於是，院長找來這個誠實的人，委託他把兩頭驢和一頭騾子牽到集市上去賣。

這人來到集市，面對買主，依然只講實話：「尾巴斷了的這頭驢很懶，只喜歡躺在稀泥裡。有一次，長工們想把牠從泥裡拽起來，太過用勁，結果拽斷了尾巴。」

「這頭禿驢性子特別倔，一步路也不想走，大家拿牠沒辦法，只好用鞭子抽打牠，因為抽得太多，毛都禿了。」

「這頭騾子，又老又瘸，完全不中用。你們想，如果幹得了活，修道院長怎麼會把捨得把牠們賣掉？」

理所當然，聽了這番誠實的話，買主們立刻轉身就走，沒有人還對這幾隻牲口感到興趣。

晚上，那人把牲口們趕回修道院，並向院長講述自己賣牲口的過程。

修道院長一聽大怒，對他說：「那些把你趕走的人是對的！無論一個人有多喜歡聽實話，都不會蠢到跟自己的荷包作對。老兄，請離開，這裡不歡迎你，今後你愛上哪兒就上哪兒去吧！」

就這樣，這人又從修道院裡被趕走了。

你或許會覺得這故事太誇張，但故事主角的遭遇絕非特例。因為過度誠實而惹上麻煩、讓自己吃上苦頭的相似例子，在現實生活中隨處可見。

舞蹈家鄧肯是十九世紀最富傳奇色彩的女性，天生熱情浪漫外加叛逆的個性，使她成為反對傳統婚姻和傳統舞蹈的前衛人物，在當時備受矚目。

她小時候性格更是純眞，常坦率得令身邊的人發窘。

一年耶誕節時，學校舉行慶祝大會，老師一邊分糖果、蛋糕，一邊說：「看啊！小朋友們，聖誕老人替你們帶來了什麼禮物？」

鄧肯馬上站起來，嚴肅地說：「世界上根本沒有聖誕老人。」

老師雖然很生氣，但還是壓住心中的怒火，改口說：「相信聖誕老人的乖女孩，才能得到糖果喔！」

想不到鄧肯接著回答：「我才不稀罕糖果。」

老師勃然大怒，處罰鄧肯坐到教室前面的地板上。

這個故事裡，鄧肯還是個孩子，因此老師再怎麼生氣，頂多也只是稍微處罰她便了事。但如果換成一名公司職員拆老闆的台，讓老闆難堪，恐怕就真得吃不完兜著走了。

如果講實話會造成對方的難堪，或者對自己造成妨礙，那就該暫且忍耐，甚至不說也罷。在社會上打滾，必備的保身秘訣之一，就是看臉色、看場合，審慎思考後才說出最合適的話。

說真話不如說好聽的話

真誠待人固然沒錯，但是，在說老實話前要好好動動腦筋，更不可忘記分清場合，找準時機。

無論一個人身處在什麼樣的位置，也無論在何種情況下，都喜歡聽好話，喜歡受到別人的讚揚。

的確，各行各業的工作都很辛苦，能力雖然有大有小，仍免不了會希望付出的努力得到他人和社會的承認，此乃人之常情。

察覺別人有被誇讚的渴望，你會如何回應？

聰明的人，必然順水推舟，即使覺得對方表現不好，也不會直言相對。生性油滑、善於見風使舵的人，則會阿諛奉承，大拍馬屁。那些耿直的人，此時就大大吃虧了，若是實話實說，潑對方一盆冷水，必然給人留下壞印象，破壞了自己的人際關係。

有鋒芒也有魄力，並在特定的場合加以顯示，是很有必要的。這個尺度必須拿捏好，如果太過，不僅刺傷別人，更會損傷自己。

說眞話並不一定討好，是成是敗，加分或者扣分，取決於時機與方式，不能一概而論。

換一個角度，我們會看到，個體行爲的基本規律必定是趨利避害。可以設想，如果某甲對別人的優點總是直言不諱，人們必定認定他是一個值得信賴的好人，樂於與他深交，並在人前人後誇讚他，某甲將因此感到快樂和自豪。也就是說，某甲的直言爲他贏得了報償，帶來了好處，那麼，他又何樂而不爲呢？

但是，如果某甲對別人的種種缺點也同樣直言不諱，結果就不會是人人稱讚、人見人愛了。

比如，小雲認爲同事小敏的衣服搭配得難看，便馬上對她說：「腿短又粗的人，根本不適合穿這種裙子。」

小雲的出發點其實是好意，說話方式卻十分不得體，只見小敏臉一沉，轉頭就走，從此再也不跟她打交道。

小雲確實是說了實話，但一點也不受歡迎。

「待人眞誠、實話實說」，這是前人留下的做人準則，要求人們用這種態度處世。可是，隨著時代的發展、社會的變遷，許多事情都在逐漸地複雜化，承襲自過往的規準有了革新、調整的必要。

眞誠待人固然沒錯，但是，在說老實話前要好好動動腦筋，更不可忘記分清場合，找準時機。

管好嘴巴，只說安全的話

希望在人際交往中居於優勢嗎？請學著掌握說話的藝術，管好自己的嘴巴。

一個人究竟能不能在人際交往中左右逢源，其實從他的說話方式與技巧就可以看出端倪。

有的人說話，經常不掩飾自己的情緒，不管什麼場合，也不問對象是誰，不考慮會引起什麼後果，心裡有什麼就說什麼，直來直去，毫無顧忌，結果在無意中得罪了人。

客客氣氣的社交談話中，直話直說是致命傷。

別誤解，這絕不是在鼓勵說謊，而是在強調我們應該培養出正確態度，先看場合與對象，再決定該說什麼話。

社交談話中，有很多訣竅，可以給那些說話不懂得轉彎的人作爲參考，幫助他們更佔便宜，例如預備幾個有趣的題目，侃侃而談，但言辭儘量含糊，含糊到只有專家才能聽出破綻。

尋找安全話題時，必須考慮以下幾項：

• 使用模糊性語言

曖昧模糊，可以達到掩人耳目的效果。

使用這一招最重要的訣竅，叫作「不確定性原理」。例如，有位物理學家最愛以世界的本質爲題，使用一些模糊性語言，講些令人費解的話，然後看到周圍的人個個滿臉愕然、面面相覷，便忍不住偷笑。

• 選擇某位不大出名的歷史人物為話題

如果你不想再聽某人喋喋不休地談論當今國家大事，不妨「以毒攻毒」，找一位不太出名的歷史人物當焦點，巧妙地轉移話題，取得主動權，這招再有效不過。

不過，要注意的是，開口之前，應當先摸清對方的底細，因爲有些話題是不能隨意碰觸的。若是不巧碰上能人，你卻還胡亂吹噓，「關公面前耍大刀」，下場就不會太好看了。

・用涵義廣泛的形容詞

交談中運用的形容詞，最好能適用於任何一個方面。

例如，有人要你對毫無所知的某本書、某齣舞台劇、某部電影或某張音樂專輯發表意見，你不妨說「我喜歡早期的作品，比較單純」，或者說「我喜歡後期的作品，比較成熟」。這類語帶保留論點無本身是非可言，無論對方是否同意你的看法，都不能說你錯。

・講述一些歷久彌新的趣聞逸事

不必發表長篇大論，也可以令人覺得你學問淵博。若能在節骨眼上講出一樁人所罕知的事，會使人深信你滿腹經綸。

例如，記住某某作家有什麼特別的經歷，或者跟另外一位名人有什麼樣的關係，然後在跟別人閒聊文學、商界動態、名人花絮或見聞的時候，刻意表現出漫不經心的態度說出來。

如此一來，別人肯定會對你刮目相看。

・發表別人無從駁斥的見解

閒談中，難免會聽見對方問：「你認爲如何？」

你可能不想把眞正的想法說出來，或者根本無法回答，因爲你剛才沒有注意聽，腦袋裡想的都是其他事情，例如赴宴途中汽車發出的怪聲，或者剛才看完的某部電影裡令你念念不忘的橋段。

這種時候，千萬不要慌張，發表一些是似而非、他人無從反駁起的見解即可，例如「那得看情況而定」、「不能一概而論」、「在那種時候，本來就會有這樣的事情發生」。

・高明地搪塞躲避

要是有個粗魯的人竭力想揭穿你的把戲，千萬別慌，也別跟對方直接衝突，大可以試著轉移所有人的注意力，例如搬出一個讓自己必須馬上離開的理由，高明地自我解圍。

有話不一定能直說，說得不好反而害人害己。

有些時候，你明明出於好意向別人獻上忠言，可對方非但不領情，反而使你有如「豬八戒照鏡子」，裡外不是人。

可曾認眞想過，出現這類現象的原因，究竟何在？

事實證明，大多都是實話實說、直來直往造成的。你希望在人際交往中居於優勢嗎？那麼，請學著掌握說話的藝術，管好自己的嘴巴。

場面話，該說就說

待人處世中，場面話是少不了的，當然不可以濫用，但該說的時候，還是要聰明運用。

想打好人際關係，必須先澄清一個觀念：會說場面話，並不是性格虛僞、爲人狡詐的象徵。事實上，這是疏通人際關係的一種有效手段，場面話說得到不到位，直接影響著人脈網的廣與狹。

會說場面話的人，大都能在人際互動中討人喜歡，建立起好形象。但是，聽到別人對自己的場面話，就得動動腦子，認眞辨別眞僞了。否則，難保沒有吃虧上當的一天。

李強在一個單位埋頭苦幹了許多年，一直都沒有機會升遷，為此他感到十分苦惱，卻又不知道如何是好。

有一天，李強的一個朋友告訴他，另一個單位的營銷部有一個空缺，他便透過朋友牽線搭橋，拜訪了那單位人事部門的主管，希望把自己調到那裡去。

那位主管熱情地招待了李強和他的朋友，對李強的請求，拍著胸脯說：「沒有問題，我會盡力幫忙！」

李強認為已大功告成、十拿九穩，便興高采烈地回家等消息，沒料到轉眼兩個月過去，調動的事情竟連一點消息也沒有。

他感到不解，打電話詢問朋友，想知道到底出了什麼情況，朋友卻告訴他，那個位子已經被人搶先佔了。他頓時氣得火冒三丈，質問道：「當初都答應我了，而且還拍胸脯說沒有問題，為什麼現在會出現這種狀況？」

朋友對李強的質問，也不知如何回答是好。

其實，那位主管拍著胸脯承諾李強的話，不過只是場面話。

身為主管可能接受的請託太多了，怎麼可能事事都辦到？李強卻沒有認清這個事實，傻傻相信，所以才吃了個啞巴虧。

說場面話是在現實社會中與人打交道無法避免的，更可以定義為待人處世中不可缺少的生存智慧。場面話，一般可分為兩種：

・實話

現實生活中，必定接受過他人的讚賞，如誇讚你聰明、機智，讚揚你很會打扮，穿著多麼的時尚合體……等等。

這些都是場面話，但也可能陳述了某方面的事實。

當然也有些場面話屬於應酬話，與事實有相當大的差距，不可輕易相信，否則就會受到蒙蔽。

雖然場面話必定是光挑好聽的說，免不了不太切合實際，但只要差得不太遠，聽的人還是會感到高興。尤其是在人多的地方說場面話，更能收攏人心，達到「得了便宜又賣乖」的目的。

・不切實際的承諾

與人交際中，我們經常會聽到類似的場面話，例如「你的事情包在我身上」、「我全力幫忙」、「有什麼問題儘管來找我」。

這一類型的場面話，有時不說眞的行不通，因爲對方運用壓力求你，若是你當面回絕，勢必會將場面弄得很尷尬，得罪人在所難免。

另外，如果碰上的是難纏的人，爲了讓你幫忙，死纏著你不肯離開，會是一件非常令人頭疼的事，這時，也只能用場面話先打發掉，他委託你辦的事情，能做到的盡力，做不到的日後再說。

千萬別以爲這是虛僞的表現，事實上，許多時候，不靠場面話不僅難以脫身，還會影響日後的人際關係。待人處世中，場面話是少不了的，當然不可以濫用，但該說的時候，還是要聰明運用。

先小人後君子，才能相安無事

「先小人後君子」雖是人人皆知的道理，卻是生意交往和人際交往最容易被人們所忽視的重要謀略。在涉及利益的事情上，還是「先小人後君子」為妙！

「先小人後君子」的道理誰都明白，但是實施起來卻沒那麼容易。譬如，有人會認爲：「都是一家人，在利益面前用得著分得那麼清楚嗎？如果分得那麼清楚，豈不是會影響父子、夫妻、兄弟、姐妹朋友的情義？」

你會這麼想，別人可不一定會這麼認爲。

二十世紀八〇年代初，香港富豪張祝珊家族財產糾紛案曾經轟動一時。之所以這麼轟動，不僅是因爲牽涉的金額十分巨大，還因爲過去恪守「同居共財」的叔嫂反目成仇。

張祝珊家族發達於韓戰時期，當時由於美國進行封鎖，中國內地急需藥品，開藥行的張祝珊家族因擁有歐洲藥品的代理權而大發橫財。後來該家族投資地產，成爲香港的超級富豪。

張家雖然處於十里洋場的香港，卻恪守古老的家規祖訓，一家四代幾十口人同居一幢五層的樓房，同吃大鍋飯，兄弟買一樣的衣服穿，媳婦同一日請裁縫上門做花色和款式一樣的衣服，而孫輩則同上一所英文學校。總之，一家人同舟同濟，有福同享，有難同當，和和睦睦，堪爲家族團結的楷模。

然而，一九七九年，張家老祖母張祝珊去世，張家第二代立即爆發糾紛。爭鬥主角是四叔張玉良和二嫂崔秀英，張玉良用暴力手段將崔秀英逼出祖屋，張氏家族的「同居共財」，首先變成了「分居」。

接著，張家爆出財產糾紛，據律師披露，此時張家財產已逾八十億港元。張家一直奉行「同居共財」，既然「共財」不成，就只好「分財」。

豈知，第二代唯一健在的男丁張玉良頗有心機，早就把家族財產悄悄轉移到自己暗地裡註冊的公司上。家族成員對簿公堂，結果，家族成員共同創造並積累的鉅額財富，全部爲張玉良一人鯨呑。

我們不妨設想，如果張家夫妻間、兄弟間、父母子女間的權利和義務分得清清楚楚，就不太可能發生像張家那樣荒唐的事情，至少也不至於被一個人獨吞大家共有的財產。

其實，這樣的糾紛也經常發生在合夥做生意的朋友之間。

譬如，大家要進行某項生意，共同投資、共同經營，卻沒把權益劃分清楚，大家都想：「我們的關係這麼密切，到時候有福同享、有難同當就是」，必然埋下日後糾紛的隱患。

俗話說：「商場無父子」。在利益面前，父子都有可能翻臉，何況是朋友！事實上，只要日後情況略有變化，就有可能有福不能同享，有難不會同當，朋友就會變成仇敵。

因此，在朋友、兄弟、姐妹之間，只要是涉及利益的事情，最好是把醜話說在前面，大家先商議一番，把權益劃分清楚，以免日後引發矛盾，拳腳相向，甚至成了不共戴天的仇人。

「先小人後君子」，可能會使你們當時發生小小的不快，但從長遠來說，因為大家都有明確的利益，你們關係會更加鞏固。

「先小人後君子」雖是人人皆知的道理，卻是生意交往和人際交往最容易被人們所忽視的重要謀略。

在涉及利益的事情上，還是「先小人後君子」吧！

5.

小心「一見如故」背後的暗算招數

別有用心的人在對你說「一見如故」時，
摻雜了很多奉承、拍馬的成分，
此時，你必須加以防範。

不要太早亮出自己的底牌

並非所有真相都能公諸於世。衝動是洩露秘密的主因，最高明的智慧就是掩飾，亮出自己底牌的人可能會全盤皆輸。

爲人處世應設法保持自己的神秘感，過早亮出自己的底牌，便會讓別人有機會按牌進攻，贏的機會就大爲降低。

不論得意、失意，都得城府深沉，不要讓底牌曝光。

在複雜的人際社會，能夠守口如瓶的人，往往能夠左右逢源，也容易向上竄升，因爲這樣的人是深謀遠慮的。

大公司因爲人多口雜，難免會有爭權奪利、勾心鬥角的事情發生。正因爲有許多人善於鑽營奔走、挑撥離間，每遇公司有人事上升遷調動的機會時，不僅流言滿天飛，同事見面也是言不由衷，彼此尷尬萬分。

何以會有這種情形發生？當然是有人洩露了人事機密，並且加油添醋，挑撥離間，試圖從中破壞。

如果你是上級賞識的人，遇到升遷的機會時，上司必定會召見你，對你的工作、生活……等垂詢慰勉，此時不管上司是否做出具體的承諾，都一定要守口如瓶，裝得若無其事，不要透露一點口風。能做到這個境界，才是能夠成就大事的人。

日本前首相佐藤榮作就是一個能夠嚴守秘密的人。當年他擔任運輸省次官時，吉田藏邀請他出任內閣官房長官。他按照手續向運輸大臣提出辭呈，隻字不提自己被內定爲官房長官的事，甚至對自己的妻子也閉口不談。

這種性格深爲吉田藏賞識，最後佐藤榮作終於登上首相寶座，成爲日本戰後在位最久的首相。

要做到嚴守底牌，最好辦法是以不變應萬變，對於傳言置之不理。若是你的地位重要到能夠引起人們的期待心理，就更該低調行事。

進行重大計劃時更要適時製造煙幕保護自己，不要讓人把你裡裡外外一覽無遺，要小心謹慎不要讓計劃提前曝光。

你要做的事一旦被有心人披露，就很難順利進行，反倒常常招致批評。萬一進度、結果不佳，更易遭到雙倍的壓力。

另外，切記不要向外人抱怨訴苦，喜歡惡意中傷的人總是瞄準你的痛處或弱點。表現出心灰意冷的樣子，只會惹來別人取笑，心懷惡意的傢伙更是想方設法惹你生氣，想盡辦法刺痛你的傷口。

聰明人應當對不懷好意的人置之不理，並且深藏起個人的煩惱或家庭的憂慮，因爲命運的女神最喜歡對準人的痛處下手，所以無論是醜事或好消息，都應深藏不露，以免消息不脛而走，導致即將到手的成功煙消雲散。

吐露眞言需要極高的技巧，並非所有眞相都能公諸於世。衝動是洩露秘密的主因，最高明的智慧就是掩飾，亮出自己底牌的人可能會全盤皆輸。

管好自己的嘴巴，看人說話

場面話還是要說，只是在說之前務必考慮清楚，既然要說，就說最貼切實際的場面話。

有句俗話「見人說人話，見鬼說鬼話」，清楚點出了一個事實——擁有看人說話的本事，非常重要。

與智慧型的人說話，要有廣博的知識；與學識淵博的人說話，辨析能力一定得強；與善辯的人說話，沒有必要囉囉嗦嗦。

與上司說話，要把話說到他心坎裡去；與下屬說話，必須讓他們感覺到你的慷慨大度。別人不願意做的事情，不要勉強；別人喜歡做的，給予大力支持；別人喜歡聽的話要多說；別人不喜歡的則少說，甚至乾脆不說。

做到以上幾大項，就算是管好了自己的嘴巴。

漢高祖劉邦滅楚、平定天下之後，開始對手下臣子論功行賞，此時就出現了彼此爭功的現象。

劉邦認爲論功勞以蕭何最大，封他爲侯最合適不過，給他大量的土地也屬應該，誰知其他人卻不服，私下議論紛紛，都說：「平陽侯曹參身受十二次傷，而且攻城掠地最多，論功勞絕對最大，理所當然該排第一。要封地，他也應該得最多。」

劉邦心裡知道，封賞問題不容易解決，免不了要委屈一些功臣。自己對蕭何是偏愛了一點，可是，心目中，蕭何確實應當排在首位。偏偏身爲皇帝，又無法將這個想法明言。

正當爲難之際，關內侯鄂君揣摩出了劉邦的心思，不顧眾大臣反對，上前厚著臉皮說起了言不由衷的場面話：「群臣的意見都不正確，曹參戰功雖大，攻城掠地很多，但那只不過是一時的功勞。皇上與楚霸王對抗五年，丟掉部隊、四處逃避的事情時有發生，是蕭何適時從關中調派兵員，及時塡補戰線上的漏洞，才保漢軍不受太大的損失。」

「楚、漢在滎陽僵持了好多年，糧草缺乏之時，都靠蕭何轉運糧食補充關中所需，才不至於斷了糧餉。再說，皇上曾經多次逃奔山東，每次都是因爲蕭何，才使安危無虞。論功勞，蕭何當然最大。」

「現今，即使少了曹參，對王朝又有什麼影響呢？難道我們漢朝會因此而滅亡嗎？爲什麼你們認爲一時之功高過萬世之功呢？我主張蕭何排在第一位，而曹參居次。」

劉邦聽了關內侯鄂君的話，自然非常高興，因爲這番場面話，完全說到了他的心坎裡去，連忙說：「好，好，就這麼定了。」

關內侯鄂君揣摩出劉邦想封蕭何爲侯的心思，順水推舟、投其所好，專挑好聽的話說，自然得到劉邦的歡心。因爲這番話，鄂君被劉邦封爲「安平侯」，封地超出原來的一倍。

場面話的重要作用，由此可見。試想，假如關內侯鄂君沒有趁機將場面話說出去，劉邦之後會給他封侯、擴大封地面積嗎？

答案絕對是否定的。

所以說，該說話的時候，場面話絕對不能省，但是必須掌握好尺度，不能太不切合實際。

有人認爲說場面話是一種可恥的行爲，是對說出去的話不負責的表現。這種說法雖有些道理，但太過理想化，畢竟身處現代社會，不說場面話確實寸步難行，別說討便宜了，恐怕還免不了受排斥。

場面話還是要說，只是在說之前務必考慮清楚，管好自己的嘴巴。要說，就說最貼切實際的場面話。

小心「一見如故」背後的暗算招數

別有用心的人在對你說「一見如故」時，摻雜了很多奉承、拍馬的成分，此時，你必須加以防範。

當一個人和你初次見面，就熱情地主動表示說，他和你「一見如故」時，千萬別高興得太早。這時候，你反而得當心。

對於這樣的人，你可以不必拒絕他的熱情，甚至也回他一句「一見如故」，維持好氣氛，但與此同時，內心一定要保持理性，冷靜看待。

這可能純粹是一句客套話，也有可能是一顆裹上糖衣的毒藥，期望藉溫情攻勢來拉近和你的距離，好從你的身上獲得某些利益。

「一見如故」固然幸運，但有時也是「不幸」的開始。

「一見如故」是很多初次見面的人習慣使用的一句話，意思是，雖然才初見面，彼此卻好像已經認識很久了。能眞正碰到「一見如故」的人，是一種幸運，因爲雙方可以越過試探過程，直接進展到「交心」層次。可是，不得不殘酷地說，以社會上層出不窮的眞實例證來看，大部分的「一見如故」都不太單純，背後往往別有居心。

人性叢林裡，人會呈現出自身的多面性，在不同的時空，因不同的刺激而展現出不同的面貌。

本性屬「惡」的人，在某些狀況之下可能會出現「善」的一面，本性屬「善」的人，也會因爲某些狀況的引動、催化而出現「惡」的作爲。至於何時何地出現「善」或「惡」，甚至當事人自己也無法預測及掌握。例如，一輩子循規蹈矩的正人君子，有可能因爲一時缺錢忽然浮現惡念，這是他過去根本無法想像的事，但就是發生了，連他自己都不敢相信。

現在，讓我們來剖析「一見如故」背後可能隱藏的訊息。

如果只是一句客套話，你的熱切回應不但無法產生效用，還會因對方隨之而來的冷淡受挫，更有可能過分暴露了自己，給有心人可乘之機。

如果說話者真的另有所圖，你的熱切回應，等同於自投羅網。

聽到「一見如故」這句話，你的態度應該如下：

第一，想想自己有沒有因此而興奮、感動？如果有，請趕快將它們澆熄、撲滅，以免因自作多情而自投羅網。

第二，如果對方在「一見如故」後還有後續動作，你應該保持善意的距離，檢驗對方用心的眞僞，以免自己受傷。

第三，如果對方和你都感到「一見如故」，是最危險的狀況，你應該立刻向後退，以免引火自焚，或因太過接近而彼此傷害，葬送有可能向正確方向發展的友情。

第四，如果「一見如故」只是對方的一廂情願，你根本無心回應，那就不必多花心思在這上面。

與人交往過程中，別有用心的人在對你說「一見如故」時，摻雜了很多奉承、拍馬的成分，目的是擾亂你的判斷能力，此時，如果你不加以防範，很可能就此陷入對方設計好的陷阱裡。

親和力讓言語更具影響力

交談時，我們需要對他人表示出真誠的興趣，並關注他的一舉一動，尋找細節，作為切入點。

人們普遍希望自己擁有「親和力」，因爲這不但是渴望與他人親近、和諧相處的一種心理狀態，更可以說是做人最基本的要求。凡是期望擁有良好人際關係的人，無不竭盡全力讓自己更具親和力。

表現出親和力，既是使情感歸依的起因，同時也是激發人際交往的動力，它對平衡人類心理、克服勢單力薄的不足，有著非常好的調節作用。

憑藉著親和力，人能堅強且有力地在群體社會裡屹立。

人都有七情六欲，表現在情感上就是喜怒哀樂等情緒，感到喜悅或是悲傷的時候，往往急欲找人傾吐，因爲這樣可以得到理解與寬慰，也可以使自己的心靈得到寄託。

總體來說，人類語言的親和力是多重的，並不是單一化的一種表現，甚至可說非常複雜。那麼，該如何才能利用好自己的嘴巴，說出具有親和力的好話呢？

孔子曾寫道：「物以類聚，人以群分。」

古語也有句話如是說：「同聲相應，同氣相求。」

這兩句話，闡述的其實都是一樣的道理：個性氣質類似的人，彼此之間比較容易相處與親近。

因此，期望提高語言親和力，可以嘗試用一些方式與他人配合，讓他人感覺到我們確實可以親近與信賴。

這樣的技巧，可透過以下幾種方式展現：

- 配合別人的感受方式

每個人都會透過自己習慣的方式來感受這個世界，並與他人進行交流。包括視覺、聽覺、觸覺、味覺、嗅覺在內的五感，一般來說，前三種用得比較廣。不同的人，傾向使用哪個感官，也是不相同的。

所以，人可以由此分成三大類：視覺型、聽覺型與觸覺型。

普遍來說，視覺型的人節奏較快，說話很快，思考也很快，喜歡閱讀圖表，而且行動力強。聽覺型的人喜歡比較有秩序的生活，說話較慢但很有條理，熱衷於交談與聆聽，行動力稍次。觸覺型的人很重視感覺、愛好舒適，說話時，多不會緊盯對方，速度也比較慢。

知道了這些之後，與別人交談的時，就可以觀察一下對方是什麼類型，迎合他的特性，說出比較可能引起興趣的話，以此增加彼此間的情分。

比如，對說話速度極快的人，要強調行動與成果；對說話時要分成一、二、三個要點的人，強調邏輯與條理；對於慢吞吞的人，則多談談某種產品會帶來什麼樣的感受。

還沒有分辨出對方是什麼類型的人，就貿然張口說話，說得好，對方可能會繼續與你交談下去，說得不好，對方可能會轉身離去。一般情況下，第二種情況發生得更多。因此，與人交談之前，請一定要注意用用腦子，看清楚對方是什麼類型的人，然後再張口說話。

・配合別人的興趣與經歷

成功關係大師戴爾．卡內基的著作《人性的弱點》，在銷量上，被稱爲僅次於《聖經》的超級暢銷書。

他在書中就寫道：「我們要對他人真誠地感興趣，聆聽對方的談話，就對方的興趣來展開話題，並且鼓勵他人談論自己。」

交談時，我們需要對他人表示出眞誠的興趣，並關注他的一舉一動，尋找細節，作爲切入點。

開口說話前，一定要做好準備，防止說出不該說的話、流露出不該有的表情。說話是一門藝術，比須仔細拿捏。

・使用「我也」的句子

如果對方的經歷或見解中，有跟你類似的部分，不妨多使用一些特定短語，拉近彼此的距離，像是「我也……」。

例如：「啊！你去過日本北海道嗎？我也去過呢！是去年七月的事了。您是幾時去的呢？」

「想不到你也認同『愛就是要給對方自由』，跟我一樣。」

「您同意產品的品質是最重要的，對吧？我們公司的理念也是如此。因此，您大可以比較一下我們的產品和其他同類產品，相信優劣立辨。」

根據以上這些方法，巧妙說話，你的語言親和力自然能在不知不覺間得到建立，讓你佔得更多便利。

讓絃外之音傳遞真正的涵義

巧妙地把話說婉轉些，試著讓「絃外之音」代替直接的攻擊或責備，往往能夠有效降低傷害。

與人交往的過程中，必得善於聽出對方的弦外之音，領會他想要傳達的言外之意。抓出對方的絃外之音，是最奧妙的人際關係操縱術。

會說話的人，大都話裡有話，一語雙關，精明之人無須多言直語，就會讓你心裡明明白白。

無論說話的人是不是故意暗藏玄機，聽話的人都必須搞清楚對方的真實意圖，方能恰當應對。

腦子不清，耳朵不靈，一定會多遇難堪。話中有話、旁敲側擊是聰明人的「遊戲」，笨人玩不了。腦子不靈光，說不好話，煞風景自不必說，成爲笑柄更是常有的事。

話中有話、旁敲側擊，既重視策略，更重視隱含之術，較躲閃更爲主動、更爲巧妙，屬於高超的人際交往手段，更是聰明者才能駕馭的玄妙功夫。學會了，賣乖佔便宜都不再是難事。

話中有話，旁敲側擊的說話方式，可透過以下方式展開：

・側面點撥

所謂側面點撥，是指從側面委婉地點撥對方，不要直言告訴他，讓他恍然大悟自己的錯誤，從而打消失當的想法。

這個技巧，往往會藉問句的方式表達出來。

張傑與劉強是同事，也是相當好的朋友，彼此都視對方爲知己。

某日，同在一間公司的一位同事趙磊，突然對張傑說：「張傑，我認爲劉強這小子對很多事情都太認眞了，可以說是已經到了頑固的程度，你覺得呢？我說得沒錯吧！」

張傑聽到趙磊的話之後，心中頓時產生反感情緒，心想你明明知道我跟他是好朋友，還這樣問我，分明就是要我難做人。可是，張傑又實在不好發作，只好假裝一本正經地反問道：「趙磊，先問你一個問題，如果我在背後和人一起議論你的缺點，你知道了，會不會和我反目成仇呢？之後又會怎麼看待我這個人呢？」

趙磊一聽，臉「刷」地紅了，不再吭聲。

張傑使用的就是委婉點撥技巧，也就是側面點撥。

面對趙磊的發問，他並沒有直接回答，而只是把話題轉到另一個角度，出了一道難題，產生點撥對方的作用。

這樣的方式既表明了「劉強是我的好朋友，我不會和你一起議論他」，又隱含了對於趙磊在背後議論、貶損別人的不滿。

最重要的一點，因為這種說法比較委婉含蓄，所以不會讓對方落得太難堪的局面，不至於造成太大傷害。

‧類比警告

警告，就是指透過兩種具有某一個相似點的事物來做比較，從而達到暗示或警告對方不當言行的效果。

某公司的經理人張亮，在參加一次業務談判之時，遭到了另一家公司員工李某的頂撞。會後，張亮怒氣衝衝地打電話找李某公司的經理，抱怨說：「如果你們不能向我保證撤銷頂撞我的那個蠻橫無禮的工作人員的職務，就代表了貴公司根本沒有達成協議的誠意。」

想不到李某公司的經理聽後，只一笑地說：「經理先生，對於敝公司工作人員的態度問題，究竟該給予什麼樣的懲罰，這應該是我們的內部事務，沒有必要向貴公司做任何保證吧？」

「換個角度想，如果今天是您的公司員工與我方產生衝突，我方強硬地要求撤換，你們得知後，又會有什麼樣的感覺呢？對手下人員的懲戒是一個公司的內部事務，我不認為與誠意有任何關係。」

張亮聽完這番話，雖然不高興，也只能接受。

在這裡，李某公司的經理，巧妙地使用了類比警告的技巧，讓對方明白了一個道理：無論兩間公司有多少相同或不同的地方，有一件事情都是絕對的，就是對於內部工作人員或經理的處分完全自主，不應該受到干涉，也跟是否具備誠意沒有任何直接關係。

把話說好是一門學問，可以透過很多不同途徑，達到同樣的目的。反駁對方時，巧妙地把話說婉轉些，試著讓「絃外之音」代替直接的攻擊或責備，往往能夠有效地降低傷害。

用幽默的話語表達抗議

希望人際關係順暢，左右逢源，置人於死地的事就不要做，讓人無地自容的話更不要說。

這個社會，就像個複雜的大家庭。

生活在其中，我們總會有意無意地遇到一些不平之事、不公之人，卻又不能明白地表達心中的不滿。

如何表達不滿情緒是一門學問，特別是對於一些非原則性的問題，必須做到既表達出對對方的不滿，又不至於破壞和諧的人際關係。

這並不容易，但既然我們希望在人際互動中佔得便宜，取得好結果、塑造出好形象，就一定要如此要求自己。

技巧表達心中的不滿，可透過以下兩種途徑：

・柔性敲打

柔性敲打，即在警告對方的時候，避免一定的衝突，借用另一種說話方式表達自己的不滿。

有一些女孩子爲顯示自己有個性，會經常、刻意地生男友的氣，如果這個女孩又是父母的掌上明珠，或是備受兄長疼愛的妹妹，必定更不能容忍他人對她的抱怨與不滿。

可能會有一部分癡情的男孩子，因爲某一句無心的話引起女朋友心中的不快，怕得罪自己的「小公主」，忙不迭地向她賠禮道歉，甚至還會爲了所謂的原諒而貶低自己，以表示對戀人的忠貞，其實大可不必。

這種時候，就是柔性敲打派上用場好時機。

小麗是某公家機關局長的千金，和任職某公司的小李談戀愛時，總是顯示出自己在許多方面的優越感。可能是因爲小李出生在鄉下，是個農家子弟，沒有什麼靠山，小麗總感到不太滿意。

有一次，小麗到小李家做客，對小李家人的某些生活方式流露出不滿，還不斷地嘀嘀咕咕地發牢騷，吃過晚飯後，甚至直接使喚小李的妹妹，當作自家僕人看待。

小李心裡很不是滋味，但也不宜直說，便藉這個機會，笑著對妹妹說：「要當師父前，先當徒弟嘛！妳現在可得加緊培訓一下呀！將來等妳嫁到別人家裡，也可以擺起師父的架子來了。」

小麗也是聰明人，從小李的話中聽出了他的本意，立刻一改臉色，收斂起自己過分囂張的口氣與行爲。

小李的做法，就是在恰當的時機，用柔性敲打的方式，表示對小麗的不滿。他只用一句「要當師父，先當徒弟」的俗話來提醒小麗，避免了一場可能爆發的直接衝突。

如此表達自身的不滿，不失爲一種好辦法。

・幽默式提醒

幽默可作爲人際關係中的一種潤滑劑，在一定的時機，用來表達自己對對方的不滿，能避免衝突難堪，效果相當不錯。

有這樣一則小故事，相當有意思：

在一間飯店裡，一位非常喜歡挑剔的女人點了一份煎蛋，然後斜眼看了看女侍者，尖聲尖氣地說：「我喜歡的煎蛋，要求蛋白全熟，蛋黃是生的，而且還能在裡邊流動。不能用太多的油去煎，鹽放得稍微少一點，還要加一點點的胡椒。」頓了一下，她接著又說道：「不僅如此，蛋本身必須完全新鮮，而且是鄉下母雞生的。」

女侍者聽完這些話之後，微微一笑，溫柔地問說：「原來是這樣，我了解了。那我想進一步向您確認一下，那隻母雞的名字叫阿珍，不知道能否適合您的心意呢？」

這個小故事中，女侍者使用的就是幽默式提醒技巧。面對愛挑剔的女顧客，侍者並沒有直接表明對對方所提要求的不滿，而是以其人之道還治其人之身，依照對方的思路，提出一個更加荒唐的可笑問題，藉此提醒對方：我們難以滿足您過分的要求。

對懷有惡意的人，不必拚個魚死網破，適時打草驚蛇就可以了。希望人際關係順暢，左右逢源，置人於死地的事就不要做，讓人無地自容的話更不要說。

切記，要做一個「內方外圓」之人，會說圓場話、會聽弦外音，就可以在社交活動中優遊自在、遊刃有餘。

要說就說別人愛聽的話

在說話前必須考慮清楚，用腦子想想再說，「投其所好」，說別人愛聽的、順耳的話。

場面話不可缺少，如何把它說好，則是一門學問。

你是否有自信，在與人交流的過程中，抓準對方的喜好，合宜且不失時機地說出對方愛聽的話？

從語言被創造出來的那一刻起，人類的命運就注定了要改變。

現代社會裡，即使最簡單的事情，也少不了不同個體彼此間的親密合作，而合作的基礎，正是彼此的相互了解。此時，語言就成了聯繫雙方不可或缺的最主要橋樑。

「說話」在人類社會交流中，被當作是一種最有效工具，無時無刻不被應用。你所說出的每一字、一句，都可能影響未來。

人人都會說話，但眞正說得好的人，恐怕屈指可數。

不少人認爲寫文章難，實際上說話比寫文章更難，文章寫得不好還可以修改，但話說得不好，卻會釀成大禍，說出去的話等於潑出去的水，無法修改，也無法收回。

有一則笑話，是這樣說的：

一個主任要召集委員開會，爲此他廣發通知，想不到等到開會的時間，準時到場與會的只有三個人。

見狀，他歎氣道：「唉！怎麼會這樣？這些人的時間觀念也太差了吧！眞是的，該來的都不來！」

到場的一個委員聽了這話後，感到很不舒服，心想：該來的都不來，難道我是那個不該來的人？

他馬上起身，悄悄地離開了。

那名主任見狀，喊道：「搞什麼？不該走的又走了！」其餘的兩名委員聽了這句話後，心中十分不悅，誤認爲自己才是該走的人，於是一氣之下，又全走了。

由此可見，說話不當，不但不能達到目的，還會得罪人。

這則故事，給了我們一個相當好的啓示：在開口前必須考慮清楚，用腦子想想再說，「投其所好」，說別人愛聽的、順耳的話。

6.

優秀，只在必要關頭展露

想在團體中安身立命，別讓鋒芒太露。
該藏則藏、該露則露，
這樣才討得了便宜，賣得了乖。

炫燿，只會害你把好人緣丟掉

喜歡在他人面前吹噓炫耀者，遲早要為錯誤行為付出代價，非但討不到便宜、賣不了乖，還會吃大虧。

不想在人際交往中吃虧受害，就要時時提醒自己：無論碰上多麼得意的事情，都不要炫耀。適當地掩飾自身才能、隱藏光芒是必要的，因爲「樹大招風」是不證自明的眞理。

平時，審愼地把自己的好才幹適當地隱藏起來，不但不會招來嫉妒，還會讓你的人緣越來越好。

一位女士的寶貝女兒，從英國劍橋大學畢業歸國後，進入一家金融機構任職，待遇極優，薪水相當高。

這位女士深深爲女兒的出色表現自豪，面對親朋好友時，必定滔滔不絕地誇耀女兒的風光。

偶然地，女兒發覺了這個狀況，立刻私下制止母親，說她開口閉口總誇自己的女兒有多好、多優秀，就算沒有惡意，也會在無形間傷害聆聽者的感情，讓人不快。

可見，敘述自己的事情時，要防止過分突出自己，切勿使他人心理失衡，產生不快，以至影響了相互之間的關係。

如果你還不懂得內斂低調的好處，不妨看看以下的故事。

有兩位交情相當好的女孩，甲的容貌漂亮，乙則普普通通。她們一起去參加舞會，男士們頻頻與甲共舞，在不知不覺中冷落了乙。

甲下意識地感覺不妥，於是以身體不適爲由拒絕邀請，請他們轉邀請乙。男士們接受了甲的建議，乙被拉入了舞池，還以爲是自身魅力大，內心的快樂不言可喻。

甲以友情爲重，不想讓朋友被忽視，於是機智地採取平衡手段，使乙的內心得到平衡。消極面來說，可以避面自己被敵視，從積極面看，更能夠使友誼更加深一層。

英格麗・褒曼在獲得兩屆奧斯卡最佳女主角獎後，又因《東方快車謀殺案》中的精湛演出，獲得最佳女配角獎。

她在上台領獎時，一再地稱讚一同角逐最佳女配角獎的佛倫汀娜・克蒂斯，認爲眞正有資格獲獎的應該是這位落選者，並由衷地說：「原諒我，佛倫汀娜，我事先並沒有打算獲獎。」

作爲獲獎者，褒曼沒有喋喋不休地敘述自己的成就與輝煌，而是表達對落選者的推崇，極力維護了對方的面子。一個人能在獲得榮譽的時刻，如此善待競爭對手，是一種極聰明的處世智慧。

以上兩則小故事告訴我們，一言一行都要爲他人的感受著想，切忌使人產生相形見絀的挫敗感。

我們經常可以看見有些人動不動大談自己的得意經歷，這是不好的。聆聽的人非但不會覺得你很了不起，甚至還會認爲你是個不成熟的、只懂賣弄「當年勇」的人。所以，除非必要，最好別經常提及自己的得意往事。

當然，每個人都想被評價得高一點，所以明知不可談得意之事，仍情不自禁地大談特談，這是人性中比較麻煩的一面。完全不談得意之事確實不可能，但在開口同時，有需要注意一下自己的表達方式。

在別人未談得意之事之前，自己也不要談。單方面大談得意之事並不妥當，所以先讓對方發表，自己再跟著說，造成壞印象的可能自然降低許多。

虛榮之心人皆有之，所以必須加以控制。喜歡在他人面前吹噓炫耀光彩一面者，遲早要爲自己的錯誤行爲付出代價，非但討不到便宜、賣不了乖，還會吃大虧，不可不愼。

多說別人愛聽的話

想要使他人喜歡你，對你產生興趣，可以嘗試談論別人感興趣的話題，即使自己根本毫無興趣。

每個人都有自己感興趣的事物或話題，在與人交流過程中，不妨主動迎合對方的興趣，積極地爲他人送上一頓「美味大餐」，相信更有助於彼此建立感情、達成共識。

凡拜訪過美國總統羅斯福的人，無不對他所表現出的廣博知識感到驚奇。「無論對象是牧童，獵騎者，還是一位外交家，」勃萊特福寫道：「羅斯福都知道該和他談些什麼。」

你必定感到好奇，羅斯福是如何做到這一點的？

答案很簡單，接見任何一位來訪者之前，他都會利用前一個晚上了解對方的出身背景，閱讀對方可能特別感興趣的資訊，以便找到能引起雙方共鳴的合適話題。

羅斯福和所有的傑出領導者一樣，懂得與人溝通的訣竅——談論別人最感興趣的事。

另外還有一則相近的故事，也強調多說別人感興趣的話題。

杜佛諾是設在紐約的一家麵包公司，爲了拓展生意，老闆杜佛諾先生想盡辦法，企圖將生產出的麵包賣給位在紐約的一家旅館。爲此，長達四年時間，他每星期去拜訪一次這家旅館的經理，參加這位經理所舉辦的各種交際活動，甚至頻繁地投宿於旅館內，以期得到買賣，但總是無法如願。

杜佛諾先生說：「後來，在研究人際關係之後，我決定改變過往死纏爛打的做法。我先要找出這個人最感興趣的是什麼，又有什麼樣的事情能引起他的關注。」

「後來我打聽到，他是美國旅館招待員協會的會員，而且熱心於成爲會長，甚至還想成爲國際招待員協會的會長。不論大會在什麼國家、什麼地方召開，他都會興致勃勃地參加。」

「第二天，遇見他以後，我主動談論起旅館招待員協會的事。他的態度立刻有了一百八十度的轉變，足足對我講了半小時，聲調裡充滿熱情。我可以清楚地感受出，這確實是他很感興趣的業餘愛好。在我離開他的辦公室以前，他勸我也加入協會。」

「這次談話，我根本沒有提到任何有關生意的事情，但幾天以後，那家旅館中的一位經理打電話給我，要我帶著貨樣及價目單去。『我不知道你對那位老先生做了些什麼事，』在電話裡，那位經理對我這麼說，『但他眞的被你給搔著癢處了！』」

「我對這人緊追了四年，若不是因爲找出了他眞正感興趣的東西，從正確的方向切入，恐怕我依舊一無所獲。」

如果你想要使他人喜歡你，想讓他人對你產生興趣，可以嘗試談論別人感興趣的話題。

切記，即使自己根本毫無興趣，也要盡力迎合，如此將能使自己成爲一個受歡迎的人。

留點面子，更好過日子

不要隨便地踐踏他人的尊嚴，在公開場合給別人留足面子，要比自己死要面子強上百倍。

路不要走絕，話不要說死，給別人留餘地，等於給自己留一個轉圜的空間，千萬不要一下子就把別人和自己都逼到牆角。

既然佔了上風，就讓彼此都有台階下，千萬不要不留顏面。

社交過程中，免不了會遇到形形色色的人，雖然不要求自己眞心去喜歡他們當中的每一個，但至少要懂得爲他人留面子。

大家都不是傻瓜，你爲他留面子，他自然也會投桃報李，給足你面子。以這種態度相處，對彼此都有好處。

與人相處，若雙方意見不統一，難免會產生口舌之爭。

會做人的人，不會讓這種爭執破壞友誼，他們總是以和為貴，進而贏得別人的好感，提高自己在他人心目中的地位，人緣自然更加穩固。

現實生活中，過分以自我為中心的人，只以自己定下的標準去判斷事物的是非對錯，當別人述說某種感覺、態度和信念時，他們會立刻做出獨斷的判定，因而容易與人產生爭論，導致嫌隙。

爭論產生之後，大多數人都會竭盡全力地去維護自己那些並不全面、不成熟的觀點，對根本沒有必要深究的問題，給予太過「隆重」的對待，因而更激化矛盾。

這種時候，不妨冷靜下來，站在他人的立場考慮一下問題的實質，而後你必定會領悟一個深刻的人生哲理：狂風暴雨般的唇槍舌箭過後，我們能得到的絕對不比失去的更多。

不理性的爭執之後，友誼將出現裂痕，彼此將日漸疏遠，更可怕的是，你又多了一個「敵人」。

俗話說「多個朋友多條路，多個敵人多堵牆」，實在一點不錯。敵人樹立後，還想要再佔得便宜，可就難上加難了。

成功大師卡內基曾說過一句名言：「你贏不了爭論。要是輸了，當然你就輸了；可是就算辯贏了，你還是輸。」

請這樣告誡自己：與人爭論，並不是在向人顯示自己的威風，確認自己的口才，而是在樹立「敵人」，即使獲得勝利也沒有太大意義，不過證明了你並不是一個會做人的人，如此而已。

會做人的人，遇到此類事情時總會留一手，即使自己的口才出類拔萃，也不願與人爭論。

若迫不得已被捲進爭論中，甚至甘願當個失敗者，避開鋒芒。

爭論對雙方來說，沒有任何好處，與人發生爭執時，不妨努力使自己去了解對方，給他人留足面子。

切記，爭論無益於感情，最終產生的結果只有兩種：一是越來越堅信自己所持觀點的正確性；二是基於面子，即使意識到自己錯了，出於維護自尊的心理，仍不肯低頭認輸，使雙方距離越拉越遠，情誼破裂。

普天之下，有一種人人緣最好，就是時刻爲他人留足面子，並願意在爭論中自動低頭認輸的人。

班傑明．富蘭克林曾說：「老是抬槓、反駁，也許偶爾能獲勝，但那是無謂的勝利，因為你永遠得不到對方的好感。」

每個人都有一種發自內心的優越感，總將自己的優越性，帶進與人相處的社交當中，引來一些不必要的麻煩。

偶爾會有些人願意主動承認錯誤，克制優越感，卻擔心被他人稱爲「懦夫」、「膽小鬼」或「弱者」。這種看法完全錯誤，應告訴自己，退讓並不是懦弱的象徵，而是一種難能可貴的、值得稱讚的美德，不僅是精神上的超越，更是在人際互動上取得輝煌成就的前兆。

「認錯」雖是簡單行爲，眞要做到卻相當困難，究其原因，是缺乏自我反省的勇氣，以及內心的「自我權威」感過分作祟。

消滅過分的「自我優越」並不是一件多困難的事情，首先，要求在與人交際過程中，爲他人留足面子。

當所有人都對你沒有好感時，就要反省自己是否太愛與人爭論，以致於造成不受歡迎的尷尬局面。千萬別等到已經徹底被衆人所孤立才幡然醒悟，那時多已經太晚。

佛經裡有句話說「恨不消恨，端賴愛止」，意思是告誡人們，與人爭吵並不可能消除誤會，只有儘量讓自己去了解對方，在爭論中適度退讓，給別人留足面子，才可以讓自己的「人氣」更旺。

美國總統林肯曾經斥責一位和同事爭吵的青年軍官，對他說：「任何有決心、有成就的人，都不會將時間耗費在私人爭執上。爭執的後果是失去自制能力，絕不是你能承擔得起的。要在跟別人擁有相等權利的事物上，多讓步一點。與其跟惡犬爭道，被狠狠地咬一口，倒不如讓牠先走。畢竟，就算事後將牠殺死，被咬的傷口依舊存在。」

的確，任何人都承擔不起爭論的後果，因此，我們更應該嘗試著努力去做的，是防微杜漸，避免爭論。

有效避免爭論，無疑是一個亟待解決的問題。事實上，學會「給他人留面子」，就等於成功了一半。

現實生活中，許多人都領教過與人爭吵的苦，「吃一次虧，長一點智慧」，與人交往時一定要懂得這一點。不必隨時想要向對方顯示你的口才，也不要隨便地踐踏他人的尊嚴，在公開場合給別人留足面子，要比自己死要面子強上百倍。

越糊塗，越能佔盡好處

原本聰明卻裝作糊塗，可助自己一臂之力，相反的，原本糊塗反裝聰明，則會把自己送進尷尬的境地，成為別人的笑談。

商場上，與對手的交涉、談判，最需要運用種種溝通應對技巧，幫助自己達到既定的目標。

自古有云「大勇若怯，大智若愚」，將這句諺語應用到現代社會的經商、談判中，實在妙不可言。

原本膽大如虎，卻表現得膽小如鼠；原本足智多謀，卻表現得寡言木訥，目的都在矇蔽對手，肆機奪取主導權。

先來看看以下這則事例。

日本某航空公司與美國一家製造商洽談一項合作專案，爲此，日方派出三名代表與美方談判。

作爲賣方的美國公司，爲了抓住這次絕好的商業機會，自然也挑選出幾名精明幹練的高階職員，組成專門的談判小組。

談判並不按常規方式展開，一開始，美方就拚命地宣傳自家產品，將宣傳圖像和資料貼滿了整間談判室，並耗上兩個半小時，利用三台投影機，放映了特地製作的介紹影片。

如此大張旗鼓，目的有二，一是展示自身的強大實力，二則想完全壓制住對方的氣勢。

放映、解說的過程中，日方三名代表全神貫注地觀看，不發一語。

結束後，美方一位代表得意洋洋地站起身打開電燈，臉上的笑容流露出對取得勝利的信心。然後，他向日方的三名代表說：「請問，你們對我們公司的產品有什麼想法？還滿意嗎？」

不料，一位日方代表滿臉不解地回答：「我們不懂貴公司的意思。」

這句出乎意料的回答，大大傷害了美方代表的心，笑容頓時凝結在臉上，一股憤怒之火往上升。

他穩定了一下情緒，繼續問：「沒有看懂？是哪裡不懂呢？我們可以解釋。」

日方代表彬彬有禮地說：「實在抱歉，全部不懂。」

美方代表強忍著心中的怒火，似笑非笑地問：「那，請問你們是從什麼地方開始不懂的？」

日方代表刻意表現出一副愚鈍的神情，說：「自始至終，我們根本沒有弄明白你們的用意。」

日方代表這句話，讓美方代表的自信受到了嚴重的打擊，但爲了顧全大局，爭取利益，不得不耐心地重新放映一次宣傳片。這一回，解說速度明顯比上一次慢上許多。

影片放完後，美方代表再次詢問：「這一次總該明白了吧！」

不料，這三名日方代表依舊異口同聲地回答：「我們還是不懂。」

美方代表從來沒有遭遇過這樣的對手，自尊受到前所未有的嚴重打擊，徹底失去了信心。只見他癱坐下來，無奈地問道：「你們……你們到底希望我們怎樣做？」

這時，日方的一位代表才慢條斯理地站了起來，說出他們的條件。由於美方代表的信心和氣勢受到了嚴重的挫傷，最後一敗塗地，日方大獲全勝。

這就是將有示爲無，明明聰明非要裝糊塗，實爲清醒卻裝醉。雖然很想得出結果，卻故意不表明心跡，耐心地靜待最佳時機，待對手筋疲力盡時，殺得措手不及。大智若愚，不僅可以爲自己尋找機會，還可以消磨對方的信心與鬥志，在談判過程中佔據有利位置。

再看看另一則同樣精采的例子。

日本某公司欲與美國一家企業進行合作，雙方展開貿易談判。談判一開始，急於求成的美方代表便沒完沒了地說個不停，想立刻與對方達成協定。

日方代表見此情況卻一言不發，只將美方代表的發言全部記錄下來，就這樣，雙方結束了第一次談判，沒有具體進展。

一個半月後，日本公司又換了幾名代表，與美方繼續上一次的談判。日方代表似乎根本不知道先前已進展到什麼階段、商談的內容是什麼，一切只好從頭開始。

美國代表和上次一樣，依然是滔滔不絕、口若懸河，日方代表則又帶著寫得滿滿的筆記回國了。

又過了一個半月，雙方代表再次相見，但這次會談仍沒有任何進展，依然是故技重演。

轉眼半年過去了，商談還是沒有任何結果，美方有如「丈二金剛摸不著頭腦」，抱怨日方根本沒有合作的誠意。

想不到不久後，日方公司竟主動派出代表，要求進行談判。

這一次的會談中，日方代表一反常態，對交易做出了十分明確果斷的決策，且抓出了美方提案中的許多弱點與漏洞。美方代表在毫無準備的情況下落居被動，損失不小。

仔細分析，你能看出日方代表取得勝利的決定性原因嗎？尋找恰當的時機，在對手防備心理降至最低的情況下展開攻擊，往往可以使事情向自己預想的方向發展。

商場上，大多數聰明的商家都懂得用「糊塗」來掩人耳目，等待著給對方致命一擊的最好時機。

寧可有爲而示無爲，千萬不可以無爲而示有爲。原本聰明卻裝作糊塗，可助自己一臂之力，相反的，原本糊塗反裝聰明，則會把自己送進尷尬的境地，成爲別人的笑談。

優秀，只在必要關頭展露

想在團體中安身立命，別讓鋒芒太露。該藏則藏、該露則露，這樣才討得了便宜，賣得了乖。

現實生活中，許多身懷絕技的人都顯得謙虛謹慎，把自己的「絕世武功」隱藏得非常嚴密。

這麼做的主要原因，在於期望「不鳴則已，一鳴驚人」。

這裡所謂的隱藏，只是爲了更好地表現，預示著正在尋求有利突破點，等到準備充分、時機成熟，再充分地發揮表現，使自己脫穎而出，成爲衆人的注目焦點，得到成功。

三國時期，龐統是與諸葛孔明齊名的能人，但天生相貌醜陋怪異，因此不太受人喜歡。他先投奔吳國，孫權嫌他相貌醜陋，沒有留用。見得不到發展，龐統決定轉投奔蜀國的劉備。

臨行前，孔明特意交給龐統一封親筆寫的推薦信，表示一旦劉備見此推薦信，一定當重用。但龐統見到劉備之後，並沒有將推薦信呈上，而是以一個平常謀職者的身份求見。

因此，劉備只讓他去治理一個不起眼的小縣。

身懷治國安邦之才的龐統，並沒有爲此耿耿於懷，他深知靠人推薦難掩悠悠衆口，自己要等到該露臉的時候才露臉。

皇天不負苦心人，後來終於讓龐統抓到一個好機會，當著劉備義弟張飛的面，將一百多天積累的公案，用不到半日時間就處理得乾淨俐落、曲直分明，令衆人心服口服。

龐統能妥善掌握該藏則藏、該露則露的做人做事原則，使得他步步高升，平步青雲，不久後便被劉備提升爲副軍師中郎將。

在團體中，表現得太出色、太惹眼，勢必會遭人嫉妒，此時，就需要將鋒芒藏起來，先堵住別人的嘴。

當然，隱藏必須有限度，最終目標還是爲了取勝。當你認爲好機會到來，一旦施展才華就能夠一舉成名時，千萬不能吝嗇，應把所有技能展現出來，使自己脫穎而出，此時他人再生嫉妒心，也沒有實質意義跟影響了。

地位未穩固之前，想在一個團體中安身立命，最聰明的方法，就是別讓鋒芒太露。該藏則藏、該露則露，這樣才討得了便宜，賣得了乖。

做一個讓人猜不透的高手

表面看起來若無其事，實際上早已經預測到情勢發展方向，這樣的人，才會是最後的勝利者。

自古以來，能夠圓融處世的聰明人，無不善於韜光養晦之術，這是保身求發展的大智慧。

身處競激烈的社會，你的所做所爲必定爲很多人注意，爲了轉移別人的目光焦點，應學著適度地隱藏能力，當一個讓人看不破、猜不透的人。

《韓非子．二柄》中說：如果君主將自己的真實性情、所好所惡，肆無忌憚地表現在他人面前，臣子們就會想盡辦法迎合拍馬，尋找投機的機會。相反的，如果君主不將喜怒溢於言表，臣子們就會逐漸地顯出本色。這樣一來，君主才不會受到欺騙。

春秋時期，鄭莊公粉碎弟弟共叔段的密謀造反計劃，所使用的就是「隱藏」的策略。

鄭武公決定將王位傳給兒子莊公，莊公之母對武公的這一決定表示反對，因爲莊公出生時難產，母親武姜爲此受到不小的驚嚇，從此就討厭這個兒子，認定他是不祥之人。

莊公繼位以後，武姜不僅屢次詆毀莊公，更爲小兒子共叔段要了很多封地，緊接著，又逼迫莊公把京城劃分給共叔段。

共叔段得到京城後，不斷地擴張自己的勢力，在母親的幫助下，準備裡應外合，謀權篡位。

莊公明知母親不喜歡自己，也知道共叔段密謀造反之事，卻沒有採取任何行動。他心裡明白，想要破除弟弟的陰謀，唯有採用「欲擒故縱」才能奏效。將欲廢之，必先舉之；將欲奪之，必先與之，先降低敵方戒心，才能抓準良機，一舉殲滅。

隨著共叔段勢力不斷擴大，鄭國大夫祭仲向莊公進諫，說共叔段暗地裡招兵買馬、擴大勢力，遲早要爲鄭國帶來災難，莊公聽了卻不慌不忙地回答：「這是國母的意思。」

祭仲心急如焚，建議莊公立刻剷除共叔段防患於未然，可他毫不著急，只說：「你就等著看吧！」

在莊公縱容下，共叔段更加大膽，又佔領了京城附近的兩座小城。

鄭大夫公子呂勸莊公說：「一山難容二虎，一個國家無論如何不可能有兩位國君。假如您要把位子拱手相讓於共叔段，作爲臣子的我們就去爲他當大臣；如果不想交權予他，就必須趕快剷除，以免老百姓有二心。」

莊公表面上假裝很生氣，實際上卻將公子呂的勸告完全記在了心裡，對他說：「這事你不要管。」

鄭莊公對當時的局勢很清楚，知道過早動手，肯定會遭到別人議論，落得不仁不義的惡名，更何況母親也站在共叔段那邊，若是有所牽連，更會讓自己被扣上不孝的帽子。

爲此，他故意放縱共叔段，讓天下人都知道對方有篡位的陰謀，直到共叔段和姜氏密謀裡應外合時，才下令討伐。

果不其然，人心都向著莊公，共叔段被迫逃亡。

其實，莊公對於共叔段招兵買馬、擴大城池的行爲，並非視而不見，而是故意姑息，讓自己置身於複雜時局之外，靜觀共叔段的一切舉動，等待時機成熟才舉兵，一舉殲滅。

複雜社會中存在著許多假象，人心也同樣如此。

遇到某些問題，有些人表面看起來若無其事，實際上心中早已經預測到未來的情勢發展方向，這樣的人，才會是最後的勝利者。

會「聽話」的人容易成功

在日常生活中學習聽話，可以讓你擁有良好的人際關係；而在銷售商品時學習聽話，才能讓你贏得顧客的信賴。

現實生活中，很多人不但不懂得如何「說話」，甚至也不懂得「聽話」，這是因爲，我們通常只在乎自己的表達能力，想讓對方照著自己期望的方向走，忽略了留意聽別人說話的重要性。

這個現象反應了現代人急功近利的心態，以爲只要表達得宜，就可以說服別人，完成自己的目標，卻忽略了「聽話」才是最重要的一環。

美國的汽車推銷大王喬治．吉拉德在他的推銷生涯中，總共賣出了一萬多輛的汽車，其中更包含了一年之內賣出一千四百二十五輛的紀錄。

雖然他的銷售成績十分輝煌，但這也是經過多次失敗才能夠得到的成績。

有一天，一位很有名的富豪特別來跟他買車，吉拉德非常賣力地爲富豪解說車子的各種性能，原以爲富豪會覺得很滿意，但是，出乎他意料之外的，富豪最後竟改變了心意，不跟他買了！

這個結果讓一向以自己的推銷能力自豪的吉拉德非常疑惑，很想知道到底是哪裡出了問題。吉拉德思考了一整天，還是不明白自己的失誤在哪裡，於是到了半夜十二點時，終於忍不住打電話去詢問富豪，到底爲什麼不買他的車？

富豪拿起電話，很不耐煩地說：「你知不知道現在已經十二點了？」

吉拉德說：「很抱歉，先生。我知道現在打電話很不禮貌，但是，我眞的很想知道您不跟我買車的理由！能不能請您告訴我，究竟我讓您不滿意的地方在哪裡？」

富豪沉默了一會，開口說道：「既然你想知道，那麼我就告訴你吧！你的銷售能力眞的很強，但是，我不喜歡你今天下午的態度。我本來已經決定買了，可是在簽約前，我跟你提到我兒子的事情時，你卻表現出一副毫不在乎的態度。而且你一邊準備收我的錢，一邊聽辦公室門外另一位推銷員在講笑話，這讓我覺得很不受尊重。我就是因爲你的態度，才打消了買車念頭的。」

想提昇自己的競爭力，就要學會聆聽，然後站在對方的角度看問題。懂得站在對方角度看問題，可以讓對方知道你是懂得別人著想的人，也可以讓對方化解敵意，甚至可以讓一件原本快破局的事情出現轉機。

只要你願意專心聆聽對方的談話內容，適時加以回應，你就會恍然發現，眼前這個「壞人」其實沒那麼難纏。

不懂得「聽話」重要性的人，無疑常是人際交往中的失敗者。

從事銷售相關工作的人都知道，唯有滿足顧客的要求，才能成功地達成銷售商品的目的。但是，如何才能知道顧客的需求呢？這就得靠專注地傾聽，才能達到讓顧客滿意的效果。

「聽話」，是每個人都必須認眞學習的一門功課。在日常生活中學習聽話，可以讓你擁有良好的人際關係；而在銷售商品時學習聽話，才能讓你贏得顧客的信賴。

7.

循循善誘勝過苦苦哀求

苦口婆心勸說對方，他也許不願意領情；
透過循循善誘，
或許他反而會心甘情願乖乖地為你辦事。

正話反說容易讓人接受

不論什麼形式的說服，一定要學會溝通的方式，使對方易於接受，讓自己的觀點順利地傳達出去。

「良藥苦口利於病，忠言逆耳利於行。」這句話往往帶給人錯誤的觀念，以為規勸別人的話必須難聽，不難聽的話便不配稱為「忠言」。

事實上並不盡然如此，關鍵在於看你怎麼說。

日常生活中，當我們在勸說別人時，往往只強調動機的利他性和方案的好處，卻忽略了別人接受過程的複雜性和說服的方式，讓人覺得是受到逼迫而不得不接受，並非是出於主觀意願。

說服方法的不當，甚至會抵消了動機和方案的優勢。一旦別人不接受你的說服方式，想要透過溝通達到自己的初衷也就會全盤落空。

想要將自己的「忠言」說得更動聽，不妨試著「正話反說」。

唐太宗李世民有一次揚言要殺掉敢於觸犯龍顏的魏徵，長孫皇后聽聞之後十分著急，急忙前去勸告李世民。

她知道如果用逆耳的「忠言」勸說，李世民不僅不容易接受，反而會讓事情越來越糟。

因此，懂得說話藝術的長孫皇后採取順耳之言規勸李世民。

她說：「自古以來主賢臣直，只有君主賢明，當臣子的才敢立抒胸臆、有話直言，魏徵敢於立言勸諫，全賴聖上賢明……」

李世民聽了這番話龍顏大悅，立刻打消了殺魏徵的念頭。

秦朝時，有個名人叫優旃，經常以正話反話的方式勸諫秦始皇，效果通常不錯。

有一次，秦始皇要大肆擴建御苑，在裡面畜養珍禽異獸，以供自己圍獵享樂。

大臣們雖然知道這是一件勞民傷財的事，但誰也不敢阻止秦始皇。

這時優旃挺身而出，對秦始皇說：「太好了，這個主意很好，多養些珍禽異獸，敵人就不敢來犯，如果敵人從東方來，可以下令麋鹿用角把他們頂回去，就不用派士兵了。」

秦始皇聽了不禁會心一笑，明白了自己的決策不妥，因此立刻改變了擴建御苑的決定。

想要提升自己的溝通能力，必須學會說話辦事的具體方法與技巧，才能使自己左右逢源、無往不利。一個再有能力的人，也要具備一些心機，更要懂得用對方喜歡聽的話語夾帶自己的目的。

優旃的話表面上是贊同秦始皇的主意，但實際的意思則是說如果依照皇上的意思辦，國力就會空虛，敵人就會趁機進攻。

這樣表面上贊同了秦始皇，同時也保全了自己，更重要的是它促使秦始皇醒悟，進而達到說服的目的。

直言不諱固然可貴，但仍然要視當時的情況與雙方的立場。不論什麼形式的說服，一定要學會溝通的方式，使對方易於接受，讓自己的觀點順利地傳達出去。

交際是一門既傳統又現代的科學，也是人生的必修課程，如果僅僅靠古人的幾條垂訓和社會經驗的總結，是很難學好的。

只有以認眞的態度對待交際，在實踐的過程中勤於思考，遇事具體分析，才會眞正懂得溝通與交際之間的具體關聯，並且眞正了解該如何審時度勢，應用最恰當的方式扭轉對方的想法，搞定棘手的事情。

循循善誘勝過苦苦哀求

苦口婆心勸說對方，他也許不願意領情；透過循循善誘，或許他反而會心甘情願乖乖地為你辦事。

有句俗話說：「求人難，難於上青天。」

事實上，這是因爲不懂求人技巧的緣故。求人固然困難，但是只要你懂得溝通的訣竅，求人並不如想像中那麼艱難。

「求」是一種藝術，當你需要別人參與你的事情時，最好先讓他從簡單的入手，引起他對這件事情的興趣。

當你要讓他人做一些比較容易的事情的時候，就要先給他一點小小的勝利，從側面誘導他達成自己的目的。

無論領導的團體大小，都必須懂得這個使人與自己合作的重要策略。

美國《紐約日報》的總編輯雷特就曾用誘導求得一位賢才鼎力相助。

當時，雷特是格理萊創辦的《紐約論壇報》的總編輯，身邊正缺少一位精明幹練的助理。他的目光瞄準了年輕的約翰．海，他需要約翰．海幫助自己成名，同時幫助格理萊成爲一位成功的出版家。

當時，約翰．海剛從西班牙首都馬德里卸除外交官職務，正準備回到家鄉伊利諾州從事律師行業。

雷特看準了約翰．海是個好手，但要如何使這位有爲的青年拋棄自己原本的計劃，在報社裡就職呢？

經過思考後，一天，雷特請約翰．海到聯盟俱樂部吃飯。飯後，他提議約翰．海到報社參觀。那時，「恰巧」國外新聞的編輯不在，於是他對約翰說：「請你幫幫忙，爲明天的報紙寫一段關於這消息的社論吧。」

約翰自然無法拒絕，於是提起筆來寫。

這篇社論寫得很精采，格理萊看了之後也相當讚賞，於是雷特請約翰．海再幫忙頂缺一星期、一個月，漸漸地乾脆讓他擔任這項職務。

約翰．海就這樣不知不覺中放棄了返回家鄉當律師的計劃，選擇留在紐約做新聞記者了。

雷特憑著這項策略，成功求得出色的人選。約翰在嘗試看看、幫朋友忙的心態之下，覺得很輕鬆，不知不覺中就扭轉了他人生航船的方向。

事前，雷特一點也沒洩露他的心意，只是勸誘約翰幫他趕寫一篇小社論而已，但事情卻很圓滿地依照他的計劃實現了。

心機是人際互動之中不可缺少的一環，想要順利達成自己的目的，一定要曉得「循循善誘勝過苦苦哀求」的道理，把自己的心機使得不露痕跡。

約翰在不知不覺中被雷特留了下來，雷特既沒有要求什麼，也沒有勸說什麼，只是透過循循善誘，便達到自己的初衷。

生活中的事情往往是：當你苦口婆心勸說對方時，對方根本不願意領情，但假如你採取誘導的方式，或許他反而會乖乖地爲你辦事。

爲人處世當中，當你要引起他人對你的計劃熱心參與，或者給予幫助的時候，必須要點心機。

先誘導他們嘗試一下，如果可能，不妨讓他們先做一點容易的事情，這種誘導的方式或許會使對方更加心甘情願地進入你運行的軌道。

用適當的讚揚推開求人辦事大門

要想改變一個人的想法而不傷害彼此之間的感情、不引起憎恨，就應該學會從稱讚和滿足對方入手。

美國石油大王洛克菲勒曾說：「假如人際溝通的能力也是如同糖或咖啡一樣的商品，我願意付出比太陽之下任何東西更高的代價購買這種能力。」

由此可見，人際溝通的能力在他心目中的地位。

要求他人替自己辦事，很多時候必須在他人身上仔細思量、狠下功夫。這是說服的重點所在，只要切中了要害，說服一定會大功告成。

海藍集團公司承包一項建築工程，預定在費城建立一幢高級辦公大廈，一切都照原定計劃進行得很順利。然而，就在大廈即將進入完工階段，負責供應大廈內部銅器裝飾的承包商卻突然宣佈無法如期交貨。這麼一來，整幢大廈都無法如期交工，公司將要承受巨額罰金。

爭執、不愉快的會談全都沒有效果，於是傑克奉命前往紐約，試圖當面說服銅器承包商。

「你知道嗎？在布魯克林區，用你這個姓的只有你一個人。」傑克走進那家公司董事長的辦公室之後，立刻這麼說。

董事長有點吃驚，「不，我並不知道。」

「喔，」傑克先生說：「今天早上，我下了火車之後，就查閱電話簿找你的住址，在布魯克林的電話簿上，有你這個姓的，就只有你一個。」

「我一直不知道，」董事長說，然後很有興趣地查閱電話簿。

「嗯，這是一個很不普通的姓，」隨即他驕傲地說：「我的家族從荷蘭移居到紐約將近二百年了。」

一連好幾分鐘，他繼續興致勃勃地說他的家族及祖先。當他說完之後，傑克就恭維他擁有一家很大的工廠，還說他以前也曾經拜訪過許多同樣性質的工廠，但跟他的工廠比起來差得太遠了。

「我從未見過這麼乾淨整潔的銅器工廠。」傑克如此說。

「我花了一生的心血建立我的事業，」董事長說：「我對它感到十分驕傲。你願不願意到工廠參觀一下？」

傑克爽快地答應了。在參觀的過程中，傑克恭維他的組織制度健全，並告訴他爲什麼他的工廠看起來比其他的競爭者高級，以及好在什麼地方。

傑克還對一些不尋常的機器表示讚賞，這位董事長就宣稱是他發明的。他花了不少時間向傑克說明如何操作那些機器，以及它們的工作效率有多麼良好，最後還堅持要請傑克吃午餐。

到這時爲止，傑克一句話也沒有提到此次訪問的眞正目的。

午餐之後，董事長對傑克說：「現在，我們談談正事吧。我知道你這次來這裡的目的。眞沒有想到我們的相會竟然如此愉快。你可以帶著我的保證回到費城去，我保證你們所有的材料都將如期運到，即使其他的生意會因此延誤也無所謂。」

傑克甚至沒有開口提出任何要求，就得到了他想要得到的東西。那些器材及時運到，大廈在契約期限屆滿的那一天完工了。

具有良好的口才，又懂得事實讚揚的人，必然是現代社會的常勝軍。想成功搞定事情，就必須掌握這門藝術，鍛鍊自己的說話能力。

用讚揚對方的方式切入，就像牙醫在拔牙之前使用麻醉劑一樣，病人雖然仍然要受拔牙之苦，但麻醉要卻能消除疼痛。

要想改變一個人的想法而不傷害彼此之間的感情、不引起憎恨，就應該學會從稱讚和滿足對方入手。

「以退為進」更容易獲取信任

利用人類的「彆扭心態」，採取以退為進的方法來取得對方的信任，可以順勢達到自己的目的。

現代社會分工越來越細，很多事情僅僅憑著個人的力量是難以完成的，這個時候往往需要獲得他人的協助。

求人辦事的過程中，「以退爲進」更容易獲取對方的信任。

很多時候，過分強調自己的目的，或是過度堅持自己的看法，並不一定能獲得預想的效果。

相反的，採取「退」的策略，反而更容易達到目的。

某公司行銷部門的課長要推行一項計劃，必須經過總經理同意。對於這個計劃，課長已經事先徵詢過部門經理的意見，經理也表示贊同，並答應協助課長勸說總經理。

當他們到了總經理辦公室，課長先向總經理做了大致的陳述，總經理思考片刻後轉頭問部門經理：「你覺得這個計劃如何？」

誰知，部門經理的回答卻讓課長很失望：「我認為還要再詳細探討！」

課長對於部門經理的臨場反應百思不解，為什麼臨時卻改變了心意呢？結果，總經理只答應「再考慮一下」，這份計劃並未立即通過。

「經理怎麼這樣」，課長心裡嘀咕著，幾天來，心裡一直很不是滋味。

過了一個星期，讓課長感到意外的是，總經理竟然同意了他的計劃。原來，部門經理在他們交談之後，又另外找機會說服了總經理。

這位經理使用「以退為進」的手法，終於讓總經理點頭同意。試想，假如部門經理和課長在當下同聲一氣一起說服總經理，這個計劃很有可能會被立刻否定，連深入考慮的機會都沒有。

美國準備脫離英國獨立之時，十三州代表集聚費城舉行憲法會議，會中分為贊成派和反對派，討論相當激烈。由於出席者中有著人種、宗教等方面的差異，利害關係各異，會議進行過程中充滿了火藥味和互不信任的氣氛。出席者的言詞都非常尖銳，甚至還有人身攻擊。

眼看會議即將破裂，這個時候，持贊成意見的富蘭克林適時地站了出來，不慌不忙地對反對者說：「事實上，我對這個憲法也並非完全贊成。」

此話一出，會議紛亂的情形立刻停了下來，反對派人士都用懷疑的眼光看著富蘭克林。

富蘭克林停了一會兒，繼續說道：「對於這個憲法我並沒有信心，出席本次會議的各位，也許對於細則還有些異議，但不瞞各位，我此時也和你們一樣，對這個憲法是否正確抱持著懷疑的態度，我就是在這種心境下來簽署憲法的……」

經富蘭克林這麼一說，反對派的激動和不信任的態度終於平息下來，他們反而希望給個機會，讓時間驗證這份憲法是否正確，這樣一來，美國憲法終於順利通過。

對於一件事情，如果一味地強調好的一面，那麼對方對於你所說的話就會存有不信任的潛在心理。

這時，不如利用人類潛在心理的「彆扭心態」，採取以退爲進的方法來取得對方的信任。富蘭克林就是利用了這個技巧，先說一些對於自己所處的立場不利的言詞，使對方反而產生了信任感，再順勢達到自己的目的。

大凡辦事成功的人，都是視野開闊的人，不但瞭解自我，而且還能深知他人。

一般來說，想要搞定難纏的人之前，要對對方的立場與心理狀態有著初步的瞭解，這是以退爲進的前提，在此基礎上，進一步把握說話的技巧，勝利的天平就會向你傾斜。

掌握溝通訣竅，讓人際關係更好

人際關係往往與利益緊密相關，因此，我們應該建立禁得起考驗的人際關係，而不是速成卻短暫人際關係。

人是群居的動物，每個人生活在群體當中，人際關係就成了與人交往、與社會交流的重要管道。

在現代社會裡，如果不善於與人交往，欠缺人際溝通的能力，便會失去許多合作的機會；一旦沒有了合作關係，單憑一個人或少部分人的努力，往往難以取得眞正的成功。

幾乎所有的成功者都懂得人際溝通的技巧，都非常珍視人際溝通的能力。

艾柯卡是美國最著名的企業家之一，曾在美國民意調查中當選為「美國最佳企業主管」。他曾經擔任美國福特汽車公司的總經理，後來卻在另一家汽車公司——克萊斯勒瀕臨倒閉時，就任克萊斯勒公司的總裁。

「受命於危難之際」的艾柯卡是如何拯救這家奄奄一息的公司，進而創造出為人們所津津樂道的「艾柯卡神話」的呢？

他的法寶之一，就是巧妙的人際溝通——先搞定人，自然能搞定事情。

當時，克萊斯勒公司生產的產品品質不高，面臨著債台高築又求貸無門、人浮於事的困境，「就像一隻漏水的船在波濤洶湧的洋面上漸漸下沉」。

艾柯卡明白，要東山再起，重振企業，除了要在內部進行大刀闊斧的改革提高員工士氣之外，必須盡快著手開發新型車款，重新參與市場競爭，除此之外沒有第二條路可走。可是，當時大大小小的銀行沒有一家願意貸款給克萊斯勒，嚴酷的現實迫使艾柯卡向政府求援，希望得到政府的擔保，以便從銀行貸到十億美元。

消息傳出之後，在社會各界引起了軒然大波。原來，美國企業界有條不成文的規矩，認為依靠政府的幫助來發展企業，不符合自由競爭的原則。

面對眼前的困境，艾柯卡既沒有洩氣也沒有抱怨，他知道溝通比抱怨更重要，因此他全面出擊。

他每天工作十二到十六小時，奔走於全國各地，四處演說遊說，同時，又不惜重金雇請說客，奔走於國會內外，活動於政府各部門之間，與他互相呼應。

在演講中，他援引史實，提出證據向企業界說明，過去的洛克希德公司、華盛頓地鐵公司和全美五大鋼鐵公司都曾先後得到政府的擔保，貸款總額高達四百億美元。反觀，克萊斯勒公司在瀕臨倒閉之際要求政府擔保，僅僅申請十億美元的貸款，不該引起人們的非議。

他向新聞輿論界大聲疾呼：挽救克萊斯勒是爲了維護美國的自由企業制度，保證市場的公平競爭。北美總共只有通用、福特和克萊斯勒三大汽車公司，如果克萊斯勒破產那麼市場上就僅剩兩家，如此一來就很有可能形成市場壟斷的局面，那還有什麼自由競爭可言？

對於政府部門，艾柯卡則採取不卑不亢的公關策略。他替政府算了一筆帳：如果克萊斯勒公司現在破產，將會造成六十萬工人失業，全國的失業率會因此提升〇．五％，政府第一年便必須為此多支付二十七億美元的失業保險金以及其他社會福利開支，最終又將使納稅人多支出一百六十億美元來解決種種相關的問題。

艾柯卡向當時正因財政出現巨額赤字而深感困擾的美國政府發問：「你是願意白白支付二十七億美元呢？還是願意出面擔保，幫助克萊斯勒向銀行申請十億美元的貸款呢？」

艾柯卡還為每位國會議員開出一張詳細的清單，上面列有該議員所在選區內所有與克萊斯勒公司有經濟往來的代理商和供應商的名字，並附有一份一旦公司倒閉將會在該選區內產生什麼後果的分析報告。

他暗示這些議員，如果由於克萊斯勒公司倒閉而剝奪了選民的工作機會，對於他們自己的仕途不會有什麼好的結果。

最後，艾柯卡的公共關係戰略終於獲得了成功，企業界、新聞界、國會議員都不再反對擔保，美國政府也開始採取積極合作的態度，他終於得到了用於開發新型車款的十億美元貸款。

三年後，克萊斯勒公司開始轉虧為盈，第四年便獲得九億多美元的利潤，締造這家公司有史以來最好的經營紀錄。

艾柯卡的成功經歷告訴我們，人際溝通的技巧不僅適用於為人處世，在推動企發突破瓶頸的過程中也非常重要。

無論想解決什麼事情，都必須先解決人。

無論身為領導者，還是普通的職員，學會運用良好的溝通，必將能透過人際關係，為自己的生活增光添色。

人際關係並不是一日之間可以建立起來的，需要在社交場上長期的用心經營。好的人際關係需要時間來培育，從瞭解到信賴，這個過程絕非一朝一夕，或者幾天就能「一拍即合」。

此外，人際關係往往與利益緊密相關，因此，我們應該建立一種禁得起考驗的人際關係，而不是速成卻短暫人際關係。

關鍵人物身邊的人也要費心周旋

瞄準主要目標固然重要，但主要人物周圍那些具有相當影響力的人，有時對於行事的順暢度，會發揮意想不到的作用。

解決問題的時候，想要穩操勝券，除了著眼於上司、主管等主要負責人之外，還應該爭取足以影響這些領導者的「權威人物」的同情、支持和幫助。這麼一來，辦事才會更加順利。

也許你曾有過這樣的經驗，當自己推動某件事的時候，明明已經獲得上級主管同意，卻由於下面某個環節作梗而被擱置下來。這時候，負責這個環節的人不論職位大小，就成了解決問題的「關鍵人物」。

北宋權臣蔡京曾一度被宋徽宗罷去相位，落到山窮水盡的地步。但是，野心勃勃的他並不甘心就此退出政治舞台，於是積極進行多方活動，試圖東山再起。

首先，蔡京暗中囑託親信內侍求鄭貴妃爲他說情，又請深得宋徽宗信任的鄭居中伺機進言。

一切妥當之後，蔡京再讓自己的黨羽直接上書給宋徽宗，大意是爲他鳴冤叫屈，說蔡京改變法度，全是秉承聖上的旨意，並非獨斷專行；現在否定了他所作的一切，恐怕並不是皇帝的本心。

這些意見的要害是把宋徽宗也牽扯進去。宋徽宗見到奏表，果然沉吟不語，但也沒批覆。

這時，鄭貴妃發揮枕邊作用。她早已看到表章的內容，又見到宋徽宗的這種表情，就順勢替蔡京說了幾句好話，宋徽宗便有些回心轉意。

第三步是請鄭居中出馬。鄭居中瞭解內情之後知道時機已經成熟，便約了自己的好友禮部侍郎劉正夫，二人先後晉見宋徽宗。

鄭居中先進去向宋徽宗說道：「陛下即位以來，重視禮樂教育等法，對國家和百姓都很有利，爲什麼要改弦更張呢？」

一席話隻字未提蔡京，只把徽宗的功績歌頌一番，但暗中褒獎的卻是蔡京，因爲肯定前段朝政的英明，就等於肯定了蔡京的貢獻。

接著，劉正夫又進去重複補充了一遍歌功頌德的話。

宋徽宗聽了感到很舒坦，終於轉變態度驅逐劉逵，罷免趙挺之的相位，第二次起用蔡京爲相。

蔡京的計謀之所以成功，在於靈活運用「關鍵人物」的影響力。他並沒有直接去說服皇上，而是採取曲折迂迴的方式，請皇帝身邊的人爲他說情，結果如願以償。日常生活中，不妨採用迂迴的方式來獲取自己想要的東西，也許你會因此得到意外的驚喜。

想搞定事情，要學著讓自己的手腕更加靈活，瞄準主要目標全力以赴固然很重要，但是對於主要人物周圍那些具有相當影響力的人，也要多花費心思與他們溝通。那些人有時對於行事的順暢度，會發揮意想不到的作用。

滿足對方虛榮心，就容易達到目的

稱讚對方自我得意的地方，就是為自己鋪路；滿足對方虛榮心，自己提出的要求就更容易被接受。

從對方得意的地方談起，這是辦事速成的一條捷徑。

每個人都有自認爲得意的地方，不管別人怎樣看，在他自己看來，都認爲是一件值得紀念的事情。

在行動之前，如果能預先做好充分的準備，在交談時有意無意地提起，在一般的情況下，對方一定因此感到很高興。

一所偏僻小學的校長沒有足夠的資金修繕校舍，多次按照規定向政府提出申請，卻始終沒有結果，不得已，只好向該地區水泥工廠的總經理求援。

校長之所以打算找該總經理，是因爲這位總經理相當重視教育，曾捐出一百萬元發起成立教育基金會。

但遺憾的是，聽說近兩年由於政府積極取締汙染嚴重的企業，因此水泥廠花費大量的資金在汙染防治處理上，在經營上也遭遇到了前所未有的困境。

校長知道這個情況，雖然覺得水泥廠提出援助的希望渺茫，但是他只要一想到全校師生的生命安全，只好「背水一戰」了。

校長到水泥廠拜訪，對總經理說：「我最近開會時一再聽到教育界的同仁對您的稱讚，實是欽佩！」

總經理連忙回答：「不敢當！不敢當！」

校長接著說：「總經理，您眞是遠見卓識，創辦的教育基金會不但確實對教育事業產生積極的支持作用，更重要的是，您的觀念也影響深遠。教育基金會由您始創，如今已經由點到面向外擴張，發展到全國許多地區，眞可謂香飄萬里，名揚四海！」

校長緊緊圍繞總經理頗感得意之處，從觀念影響到實際作用等方面都予以充分的肯定，談得總經理滿心歡喜。

接著，校長訴說了自己的「無能」和悔恨，「身為校長，明知校舍急需維修，時時困擾著學生的學習，危及師生的生命安全，卻毫無解決的辦法。要是教育界的上級都能像總經理這樣真心愛才、支持教育，只要提撥一百萬錢就能卸下我心頭的重石。可是向上呈報了十幾次，至今卻依然沒有下文。」

聽到這裡，總經理立即起身拍拍胸脯，慷慨地說：「校長，你就不必再繼續求三拜四了，這一百萬錢我捐給你們。」

校長緊緊握住總經理的手，表示由衷地感謝。

人活在世上，不管做人或做事，難免會遭遇許許多多難題。我們不難發現，成功者並非比失敗者有腦筋，只不過他們面對問題之時，比失敗者多了一點心機。

這位校長十分精明，在瞭解對方的情況之下，用美譽推崇的方式獲得了募捐的成功。

首先，他對總經理遠見卓識，首創教育基金會的行爲，從思想影響到實質成效方面都給予充分的肯定和適當的讚揚，稱頌他對教育產生了極大的鼓勵作用。

接著，他再悲訴自己的「無能」，激發對方的同情心，進而深深地打動了對方，達到預期的目的。

稱讚對方自我得意的地方，實際上就是肯定對方的人生價值肯定，有誰不喜歡自己獲得肯定與讚賞呢？

看準他人的發光點猛烈進擊，既是對對方的尊重，同時也在爲達成自己目的鋪路。只要滿足了對方虛榮心，自己提出的要求就更容易被接受。

用耐心搞定難纏的人

求人辦事時應該用耐心等候對方改變心意，只要讓對方點頭答應，還有什麼事情搞不定？

優柔寡斷的人遇事猶豫不決，拿不定主意，這種人最討厭受到逼迫，如果你過於著急，態度強硬，往往會適得其反，甚至會與對方反目成仇。

因此，對於這樣的人必須要有足夠的耐心，不能疾風暴雨，要和風細雨，慢慢地接觸、交涉，讓他反覆權衡利弊，列出多種方案進行比較，然後選擇最佳的方式，如此才能達到說服的目的。

一九三〇年，中原大戰爆發之後，雙方展開拉鋸戰。

張學良因形勢不明朗而拿不定主意應該要加入蔣介石一方，還是中共那一方。

就在這個關鍵時候，蔣介石派吳鐵城前去說服張學良。由於張學良對說客拒而不見，吳鐵城便在飯店開了一套高級客房，讓夫人出面邀請東北軍將領聚會，包括張學良。

他們經常聚在一起打麻將，在過程中漸漸消除了對方的戒心而且成爲朋友，話題越扯越接近戰事，吳鐵城不著痕跡地將蔣介石對張學良的渴求悄悄地灌輸給東北軍諸將領。

吳鐵城還在這個過程當中探知當年是張學良的三十歲壽誕，便秘密打了封電報到南京。蔣介石獲悉這個消息之後，先是派代表前去祝壽，接著打電報，然後親自寫了封賀卡，還送賀禮隆重祝壽。

漸漸地，張學良的態度倒向了蔣介石，最後在瀋陽發出「和平通電」，表示易幟擁蔣，終於結束了一場戰亂。

吳鐵城用耐性說服了張學良的例子，說明了只要能解決關鍵人物，就能順解決事情。

但是，要搞定難纏的人物，往往需要過人的耐心。保有充分的耐心，能讓你的思維更加縝密，讓你在山窮水盡處能靜下心來凝視，終能看到柳暗花明的轉機。

耐心既是一個人修養的展現，也是求人辦事時應抱持的心態，用耐心等候對方改變心意，只要讓對方點頭答應，還有什麼事情搞不定？

8.

見好就收，別逼人無路可走

做人不要做絕，說話不要說盡，
凡事留有餘地，為自己留條後路。
特別是在利弊面前，更應該見好就收。

處處露鋒芒，容易自取滅亡

嶄露鋒芒雖然是正常的行為，但應該認清形勢，把自己的位置擺對才能自我保護，心直口快往往會陷自己於不利之地。

每個人都有自己的時運，要掌握在自己的時運，就要懂得「做人要厚，做事要黑」的道理，保持冷靜、清醒的頭腦才足以成事。

耐心等待自己時來運轉，絕對不要輕舉妄動。如果時機尚未成熟，就急躁地想要表現自己的能力，只會讓自己陷入麻煩不斷的困境。

美國名將巴頓心中毫無城府，有話就說的個性，不但經常使上司頗爲難堪，自己也得罪了不少人，被同事們稱爲「和平時期的戰爭販子」。

一九二五年，巴頓到夏威夷的斯科菲爾德軍營擔任師部的一級參謀，一年之後升為三級參謀。

巴頓的工作主要是負責對戰術問題和部隊的訓練提出建議並進行檢查，但卻經常越權行事。一九二六年十一月中旬，他觀看了第二十二旅的演習，對這次演習非常不滿，直接向旅指揮官遞交一份措辭激烈的意見書。

他的這種做法是不合紀律的，因為他只是一名少校，無權指責指揮官。這樣一來，他便惹來上司的非議和怨恨。

但是，心直口快的巴頓並未記取教訓。一九二七年三月，在觀看了一場營級戰術演習之後，他又一次大動肝火，嚴詞指責營指揮官和其他人員訓練無素、準備不足，導致演習沒有達到預定的目的。

雖然這次他很明智地請師司令部副官代替師長簽了名，但其他軍官心理很清楚，這又是巴頓搞的鬼，所以聯合起來一致聲討巴頓。

眾怒難犯，師長沒有辦法，只好把這位愛放話的參謀從三級參謀的位置上撤下來，降到二級。

巴頓將軍的這段往事說明了，一個人即使是天才，如果絲毫不懂收斂，也很難在社會上立足，而且還有可能會招來厄運。

爲人處事雖然必須坦蕩正直，但是對外的言行要有所保留，否則不足以立足於渾濁的塵世。

做人要深沉厚重，像冰山一樣只露出一角，讓人摸不透你的心思，如此不但自保無虞，而且具有強大的威懾力。

心裡眞正要做的事不要說出口，讓人無法掌握、透視你的所作所爲，才能於詭詐多變的社會中屹立不搖。

聰明人如果想得到尊敬，就不應該讓人看出你有多大的智慧和才華。要讓別人知道你這號人物，但不要讓他們了解你，沒有人看得出你天才的極限，也就沒有人會感到輕蔑。

讓別人猜測你，甚至懷疑你的才能，要比顯示自己的才能更能獲得崇拜。要不斷地培養他人對你的期望，不要一開始就展示你的全部能力，隱藏力量和知識的訣竅是要胸有城府。

當別人侮辱自己的時候，要能穩住自己的情緒，不要覺得自己丟了臉、失了面子，就立刻火冒三丈、惱羞成怒。

抱著「人不犯我，我不犯人；人若犯我，我必犯人」的心理破口大罵，非要把面子爭回來不可，根本無益於自己。面對這種情況時，首先得心平氣和地接受這個事實，日後再想辦法連本帶利討回來。

嶄露鋒芒雖然是正常的行爲，但應該認清形勢，把自己的位置擺對才能自我保護，心直口快往往會陷自己於不利之地。

說服，絕非不可能任務

善用技巧，把話說到對方心裡，說服力必定會提高，要想在互動中佔得便宜，自然不再是不可能任務。

常常遇到這樣一種情況：你在與別人爭論某個問題時，分明自己的觀點是正確的，但就是不能說服對方，甚至還被對方「駁」得啞口無言。

這是什麼原因呢？心理學家認爲，要爭取別人贊同自己，僅觀點正確還不夠，更要掌握一些說話的技巧。在日常交談中，掌握說服別人的技巧至關重要，是支持你邁向成功的必備條件。

說服別人，要以理服人、以德服人、以情服人、以禮服人。

說服別人要有耐心，更要懂得方法和技巧。說服不能靠勢力、權力去強壓人，更不能靠投機、欺騙手段，否則，別人充其量只會口服，但內心不服，就不會達到說服的目的。

說服別人之前，先要說服自己，並且應當入情入理。如果強詞奪理，只會讓人產生對你的厭惡。

以下，是說服人的幾大法則：

• 以退為進，調節氣氛

首先，應該設法調節談話的氣氛。

如果你察言觀色，用提問的方式代替命令，並給人以維護自尊和榮譽的機會，氣氛就是友好而和諧的，說服也就自然而然地成功了。反之，在說服時不尊重他人，擺出一副盛氣凌人的態度，那麼說服就很難收到功效。

人人都有自尊心，誰都不希望自己任他人支配。

有一位中學老師，非常善於調節氣氛來說服自己的學生。一日，學校安排各班級學生參加平整操場的勞動服務，大家都很努力，只有這個班的學生躲在陰涼處偷懶，老師無論如何說都無濟於事。

後來，老師想到一個以退爲進的辦法，問學生：「我知道你們並不是怕累，而是怕熱吧？」

學生們一聽，自然不願承認懶惰，於是七嘴八舌地說，確實是因爲天氣太熱了。老師接著又說：「既然是這樣，我們就等晚一點再弄，現在先輕鬆一下吧！」

學生一聽就高興了，老師爲了使氣氛更熱烈一些，還買了幾十支雪糕讓大家解暑。在說說笑笑的玩樂氣氛中，學生接受了老師的說服，不久之後便開始認眞地清掃整理起來。

•善意威脅，以剛制剛

很多人都知道用威脅的方法可以增強說服力，卻不會運用，說穿了，關鍵是要「合理」。運用善意威脅可以使對方產生恐懼感，從而達到說服目的。

一次活動中，領隊領著所有團員來到偏僻的鄉下，風塵僕僕地趕到事先預定的旅館，卻被告知當晚由於某方面原因，原來訂好的套房沒有熱水。

爲了解決此事，領隊只好去找旅館經理。

領隊：「對不起，這麼晚了還把您請出來。天氣這麼冷，大家都很累了，不洗個熱水澡怎麼行呢？何況，我們預定時說好要供應熱水的，這狀況只有請您來解決了。」

經理：「這我也沒有辦法，鍋爐工回家去了，沒有人放水、燒水。我已叫其他員工開了公共大浴室，你們可以到那裡去洗。」

領隊：「是的，我們大家可以到公共浴室去洗澡，不過話要講清楚，付了套房的錢，卻得到這種等級的服務，你們只能收通舖的價錢，其餘必須按照標準退費。」

經理：「那不行。」

領隊：「您不願退費，唯一的辦法就是供應套房熱水。」

經理：「我沒有辦法。」

領隊：「不，您一定有辦法！」

經理：「你說，有什麼辦法？」

領隊：「您有兩個選擇，一是把鍋爐工找回來，二是您親自出馬，燒好熱水，然後再拎到每一個房間去，並且賠罪。當然，我會配合您，勸所有團員耐心等待。」

交涉的結果，旅館經理被領隊的威脅所說服，派人找回了鍋爐工。四十分鐘後，每間套房的浴室都有了熱水。

儘管威脅能夠增強說服力，但在具體運用時，要注意以下幾點：態度友善、講清後果並說明道理、威脅程度不要太過分。不能遵守，極有可能會弄巧成拙，使對方惱羞成怒，達不到說服目的。

這種方法，用在你和要說服的對象較量時。

•消除防範，以情感化

此時，彼此都會產生一種防範心理，尤其是在危急關頭。要想使說服成功，就要注意消除對方的防範心理。

從潛意識來說，防範心理的產生，是一種自我保護，也就是當人們把對方當成假想敵時，產生的自衛心理。消除防範心理的最有效方法，就是反覆給對方一些暗示，表明自己是朋友，絕非敵人。

暗示可以採用種種方法來進行，例如主動噓寒問暖、給予關心、表示願意給予幫助等等。

有一個計程車司機，把一名男性乘客送到指定地點時，對方突然掏出尖刀逼他把錢都交出來。他裝作害怕的樣子，交給歹徒一千多元，說：「今天我就賺這麼一點，我還有一把零錢，也給你吧！」說完又拿出一大堆零錢來。

見司機如此爽快，歹徒有些迷惑。司機見自己似乎軟化了對方的心，便又接著問：「你要去哪裡？說個大概的地點，我送你回家吧！」

見對方不反抗，歹徒便把刀收了起來，讓他送自己到火車站去。

趁氣氛緩和下來，司機開始啓發歹徒說：「我家裡經濟狀況原來也非常困難，我又沒啥本事，後來就跟人家學開車。幹起這一行來，雖然眞的賺不多，但也還過得下去，至少自食其力，心安理得嘛！」

歹徒沉默不語，司機繼續道：「男子漢四肢健全，只要有心，什麼不能做？你想清楚了，走上這條路，哪天一失手，一輩子可就毀了。」

火車站到了，見歹徒要下車，司機又說：「我的錢就算幫助你的，用它做點正事，想想我說的話，以後自食其力吧！」

一直不說話的歹徒聽完，突然哭了，把鈔票往司機手裡一塞說：「大哥，我知道錯了，真對不起！」說完，開了車門就跑。

在這個事例中，司機正是運用了消除防範心理的技巧，最終達到了說服的目的，自己也沒有遭受任何損失。

善用技巧，把話說到對方心裡，說服力必定會相對提高，要想在互動中佔得便宜，自然不再是不可能任務。

別做吃力不討好的事

越權容易為自己招惹不必要的麻煩。想要安身立命，必須要意識到這一點，絕對不做費力不討好的事情。

事不出位，意思是說話辦事不要超越自己的名分和地位，該說什麼、該做什麼，不該說什麼、不該做什麼，都必須以職責爲限。行事謹慎穩重，不要賣弄，防止惹火燒身。

如此一來，進可賣乖、佔便宜，退可保自身平安，萬無一失，是最保險的處世之道。

李勣是唐代初年的大將，原名徐世勣，參加過瓦崗軍，失敗後投奔唐朝，任右武候大將軍，封曹國公，賜姓李，爲避唐太宗李世民之諱而改名勣。

唐高宗李治即位後，李勣任司空，爲人機巧，行事謹愼。

當時，高宗李治想廢掉王皇后，另立武則天爲后，便向大臣們徵求意見。尙書右僕射褚遂良說：「王皇后是世家之女，乃先帝爲陛下所娶，先帝臨終前拉住陛下的手對大臣們說：『我的好兒子、好媳婦，現在託付給你們了。』陛下聽到過這話，至今如在耳畔，王皇后並沒有什麼過錯，怎麼能輕易將她廢除？」

「陛下如果一定要另立皇后，懇請從天下的望族中挑選，何必非要選武氏不可？武氏曾經跟隨過先帝，這是衆所周知的，天下衆人的耳目，怎麼能夠遮擋得住啊？」

韓瑗、來濟也上書，力主不選武則天，但高宗聽不進去。

高宗問李勣的看法，李勣生性聰明機伶，心想若在這個關鍵時刻，超越自己本分發表意見，可能招來殺身之禍。廢立皇后，無論成功與否，都與性命攸關。同意廢除王皇后，要是不成功，必將得罪王皇后；不同意廢除王皇后，如果將來乃是武則天被選爲后，無疑於自尋死路。

李勣左思右想，乾脆含糊其辭地對高宗說：「這是陛下的家事，有什麼必要問外人呢？」

高宗聽了這話，立即下定決心，將褚遂良降職為潭州都督，馬上廢除王皇后和蕭淑妃，將武則天立為皇后。

武則天當上皇后之後，任用大臣許敬宗，排斥打擊當初不同意擁立她為皇后的大臣，長孫無忌、褚遂良、韓瑗等一批人，或者被貶逐，或者遭誅殺，下場都相當淒慘。

相較之下，李勣卻因為應付巧妙，避免了禍及自身，甚且受到重用，負責審理長孫無忌等人的案子。

李勣懂得不在其位不謀其政的眞理，含糊其辭地回答敏感問題，避免了殺身之禍，可謂得了便宜又賣乖的高手。

官場職場中，做好本份就可以了，越權行為容易為自己招惹不必要的麻煩。想要安身立命，必須意識到這一點，絕對不做吃力不討好的事情。

做不到就別輕率誇口辦到

先衡量自己的能力，做不到的事情千萬別輕率承諾，切忌把話說得太滿。無論如何，請給自己留條後路。

給人方便，自己方便。

做人不要做絕，做事要留後路。

如果做人做得太絕，即便是遇到兇險也不會有人同情，大家會認爲你是咎由自取、自作自受。這樣一來，無形中把自己逼進了死胡同，不要說出路了，恐怕連退路都沒有。

一般來講，承諾有兩種情況：一種是自覺的承諾，明確地答覆他人，應允請求之事；一種是不自覺地承諾，就是自己本來並未應允，但在別人看來，已經等同於應允。

在應酬中輕易承諾，很容易陷入被動局面，所以承諾別人之前要掂量一下自己的分量，根據自身能力答應合理的請求。

法國皇帝拿破崙曾說過一句話：「我從不輕易承諾，因為承諾會變成不可自拔的錯誤。」

例如，朋友託你辦一件事，而這件事在你看來可以辦或可以不辦，或介乎兩者之間。你可應允辦理，這叫自覺承諾，你也可能會說「讓我想一想」，這叫不自覺承諾。但在人家看來，會以爲你已經答應了，這就會引來麻煩。

在一個十字路口，有一棵枝繁葉茂的大樹。

某天，一位老人正坐在樹下閉目歇息，突然一個年輕人飛奔到面前，驚慌地哀求老人救他，說有人誤以爲他是小偷，偷了人家的東西，正帶領一幫人追捕，要剁掉他的雙手。

說罷，年輕人縱身爬到大樹上躲了起來，並再一次要求老人不要告訴追捕他的人，自己正躲在樹上。

老人看年輕人長相不像小偷，便回答：「讓我想一想。」

就因爲老人這句不自覺的承諾，年輕人放下心來。

不一會兒，追捕的人趕到大樹下，問老人：「你有沒有見到一個年輕人從這裡跑過去？」

老人曾發過誓，絕不講假話，便回道：「見過。」

追捕的人又問：「他往哪裡跑了？」

老人舉手朝樹上指了指，年輕人立刻被人拖下來，剁掉了雙手。

年輕人爲此大罵老人違背了先前的承諾，竟然出賣他，但在老人看來，自己根本沒有做下任何承諾。

人人都喜歡「言出必行」的人，也因此，很少用寬容的尺度去諒解一個人不能履行某一件事的原因。

難道不是嗎？我們必定經常在應酬中聽到某位朋友說，某某人分明答應爲我做一件事，最後卻食言了。

仔細地想一想那位朋友的話，雖然某某人曾經答應過他，但那很可能只是表面上的應付，或者事情根本就不可能辦到。

其實，恐怕連抱怨者本身也心知肚明，自己所託之事有些強人所難，但他絕對會責備別人，而不是責備自己。

如不細想，任何人聽了，都會同樣覺得某某人不對，因爲到了這種時候，誰還會顧及當初那位某某人的允諾，究竟是自覺或不自覺呢！

必定有人會問：「當著朋友的面，對朋友提出的請求自然非應允不可，但這要求我根本就辦不到，該怎麼辦才好？」

對此，一位日本人際學家告訴我們：「我們在傾聽別人表達和請求完畢後，若覺得自己不願答應或無法做到，不妨輕輕地搖頭，不必強烈地表示出拒絕的態度。」

這就是說，不需要用傷害感情的強烈言辭去拒絕，只要輕輕搖一下頭，把自己的意思含蓄地表達出來就可以了。

答應幫別人辦事，固然可以體現你的熱心，可是，如果你承諾了別人但自身能力有限，無法讓承諾兌現，別人將會認爲你言而無信，久而久之，在他人面前就失去了信譽。

爲了自身的名聲、人際關係著想，想開口承諾別人的時候，必須先衡量自己能不能辦到。

做不到的事情千萬別輕率向人承諾，切忌把話說得太滿。無論如何，請給自己留條後路。

掌握正確方式，更快達到共識

遇到說服他人的情況，首先要動腦子，管住嘴巴。選擇最好的方式、語言去解決問題，能既得便宜，又賣乖。

說服他人，不一定要用權勢去壓人，也沒有必要用生硬的態度加以強迫，只要你能將話說得恰到好處，說服別人就不是一件難事。

- 投其所好，以心換心

說服別人時，站在他人的立場上分析問題，會給人一種爲他著想的感覺。這種投其所好的技巧，多具有極強的說服力。

要做到這一點，最重要的是「知己知彼」。先知彼，而後才能從對方的立場上考慮問題，從而說服他人。

有一家精密機械工廠，在生產某項新產品時，將部分零件委託另一小廠製造，不料當小廠將零件的半成品呈示總廠時，竟全部不合要求。

由於時間緊迫，又是重要生意，總廠負責人只得要求小廠儘快重新製造，但小廠負責人認爲己方已經完全按總廠的規格製造，不想再重頭來過，雙方僵持了許久。

總廠廠長見了這局面，問明原委後，便笑著對小廠負責人說：「我想這件事完全是由於公司方面設計不周所致，實在抱歉。今天，幸好是由於你們幫忙，才讓我們發現竟然有這樣的缺點。只是事到如今，事情總是要完成的，請你們將它製造得更完美一點，這樣對你我雙方都有好處。」

那位小廠負責人聽完，一改態度，欣然應允。

小廠負責人之所以被說服，就在於能夠站在被說服者的立場上去考慮，維護了對方的自尊。

•尋求一致，以短補長

習慣於頑固拒絕他人說服的人，總處於說「不」的心理狀態之中，所以經常呈現出僵硬的表情和姿勢。

對付這種人，如果一開始就提出問題，很難打破他說「不」的心理。因此，你得努力尋找雙方之間的共通點，先讓對方贊同你遠離主題的意見，從而對你的話感興趣，然後再想法將觀點引入話題，最終達到眞正目的，使對方接受意見。

一個小夥子愛上了一個漂亮的女孩，但由於他長得其貌不揚，女孩始終不爲所動，根本不肯以正眼看他。

這天，小夥子找到女孩，鼓足了勇氣問：「妳相信姻緣天註定嗎？」

女孩有些訝異他會問這個問題，眼睛盯著天花板想了一下，答了一句：「算是相信吧！」

小夥子立即說：「我聽說，每個男孩出生之前，上帝便會告訴他，將來你要娶的是哪一個女孩。所以我出生的時候，未來的新娘便已經配給我了，上帝還告訴我，我的新娘長得很醜。」

「我當時一聽，就向上帝懇求：『上帝啊！那對她來說實在太殘忍了，求你把醜陋的容貌賜給我，將美貌留給我的新娘。』」

女孩被這番話感動了，決定接受這個小夥子，和他交往。

說服他人要從關鍵入手，這就要求了解對方，知道對方的長短。當然，最重要的還是得會說話。

與人相處時，遇到要說服他人的情況，首先要做的就是動腦子，管住嘴巴，避免在沒有搞清楚狀況之前亂講話。選擇最好的說服方式、語言去解決問題，自然能既得便宜又賣乖。

見好就收，別逼人無路可走

做人不要做絕，說話不要說盡，凡事留有餘地，為自己留條後路。特別是在利弊面前，更應該見好就收。

貪婪只會迫使人們走上絕路，見好就收往往能給人們帶來更大的利益，這是最基本的常識。

人生總會面臨無數次的選擇，無數次的爭取與放棄。在爭取與放棄間，必須正確地權衡厲害關係，否則將置自身於進退兩難的境地。

人們常說「做人不要做絕，說話不要說盡」，這話相當有道理。廉頗就因為做人做得太絕，蔑視藺相如，結果落得負荊請罪的下場。鄭莊公也因說話太絕，無奈之下只能遂而見母。

以上兩者，都是前人留下的血淋淋教訓。

常言道「人情留一線，日後好相見」，不管做什麼事，都忌諱走入極端，斷了自己的退路。

特別在權衡得失時，務必做到見好就收。

人無千日好，花無百日紅，任何人的際遇都有高潮和低潮。像打牌一樣，一個人不可能總摸到好牌，一般情況下，一副好牌之後，隨之而來的就是壞牌，見好就收才是最大的贏家。

其實，做人正如同打牌，與人相交，不論對待什麼樣的人，同性知己或者是異性朋友，都要憑著適可而止的心態對待。君子之交淡如水，這是避免勢盡人疏、利盡人散的最好方法。

眞正的友誼，並不需要走得多麼親密，往往在平淡的交往中，更能體現出可貴的眞感情。

見好就收，凡事留餘地，不光可以運用到利與弊的權衡上，還可以用來闡述退卻與逃跑的道理。

當別人的勢力強過自己，而自身尚且沒有因此受到太大損失時，逃跑、退卻是最好的保全方法，留得青山在，不怕沒柴燒。

《三十六計》最後一計是「走為上」，說得通俗一點，上策就是退卻和逃跑。當面臨對方強大的壓力，卻無力回天之時，只有三條路可選擇：投降、和談、退卻。選擇投降，那代表你已經完全、徹底的失敗了，選擇和談則是失敗了一半的象徵。相較之下，逃跑、退卻就不是失敗的表現，而是保全實力、轉為勝利的眞正關鍵。

表面看來，逃跑、退卻不是光明磊落的作為，實際卻是最高的戰法，具有切實的可用性，可使人受益無窮。

想要保全自己，並佔得便宜嗎？別忘了「隨退隨進」。所謂隨退隨進，並不是懦弱的象徵，而是生存的大智慧。

蘇東坡在《與程秀才書》中曾講道：「我將自己的全部命運，完全交由老天爺決定，聽其運轉，順流而行。如果遇到低窪就停止下來，這樣不管是行，還是止，都沒有什麼不好。」

蘇東坡這個說法，強調的是人應當順應天意，進退不強求，就好比是大自然的陰晴、月亮的圓缺、四季的更換、天氣的冷暖。所有美好的事情，都只是人們對美好生活的嚮往，人生在世，有高有低，一帆風順眞的太難得。

莊子曾講，窮通皆樂；蘇軾則言，進退自如。不管是莊子的主張，還是蘇東坡的看法，其實都指的是同一種做事的策略。窮通說的是人實際的境況遭遇，進退說的是人主觀的態度、行動。

做人不要做絕，說話不要說盡，凡事留有餘地，爲自己留條後路。特別是在利弊面前，更應該見好就收，這是成功者必須掌握的處世之道。

損人又不利己，何必？

一定要恪守「絕不損人利己」這個原則，這是做人最基本的準則，也是處世順利的一張通行證。

具有大智慧的人都有成全他人的美德，絕對不會做損人利己的事情，因爲他們明白，損人的事也未必會利己。

看到別人取得成績，不要光是艷羨，更不能藉毀壞他人的成果來解自己的嫉妒之氣。要想獲得榮耀，需要腳踏實地付出，一分耕耘、一分收穫，損人利己的事情絕對不能做。

如能堅持這一點，與人交往中，你會爲自己和他人都留下進退的餘地，這對建立良好的人際關係、增進雙方感情，能產生重要作用。

戰國時期，魏國與楚國在交界處設立界亭，兩國亭卒們分別在各自的國土上種植蔬菜。

魏亭的亭卒非常勤勞，每天都用心管理田裡的蔬菜，鋤草、澆水、施肥，忙個不停，蔬菜長得又綠又高。相較之下，楚亭的亭卒則十分懶惰，整天只知道睡大覺，不管蔬菜的死活，菜苗長得又瘦又弱。

楚亭的人覺得很沒有面子，於是乘一個夜黑風高的晚上，偷跑過去把魏亭的蔬菜全部破壞了。

第二天早上，魏亭人發現菜地被毀，氣得火冒三丈，急忙報告了邊縣縣令宋就，並表示要對楚亭亭卒實施報復。

宋就了解狀況之後勸亭卒們說：「毀壞他人辛苦耕作成果的行爲，確實很卑鄙，我們生氣歸生氣，爲什麼要反過來去效仿呢？明知別人不對，再跟著學，實在太狹隘了。這樣吧！從今天起，你們竭盡全力去打理他們的蔬菜地，給蔬菜澆水、除草、施肥，不過你們一定要注意，不要讓他們知道。」

魏亭的人認爲宋就的話有道理，就照辦了。

從此之後，楚亭的菜苗果然一天天地茁壯了起來。楚亭的人覺得很奇怪，仔細觀察才知道，原來每天早上菜地都被人用心澆灌過，而爲菜地澆水的，正是魏亭的亭卒。楚國邊縣縣令得知此事後，對魏人的做法敬佩不已，於是把這件事上報給了楚王。楚王聽說後，贈送重禮給魏王，向魏王道歉，並表示願意與魏國結成友好的鄰邦。

宋就的做法，顯然要比那些亭卒更高明，因爲他知道，爲長遠的未來著想，損人不利己的事情做不得。

害人必會害己。寬恕別人，等於爲自己多留條後路。

日常生活中，處世尚淺的年輕人，對社會上的一切都茫然無知，爲人處世更是小心翼翼，左顧右盼，想尋找一個參照物來規範自己、約束自己，以免做出一些不合常禮的事。社會閱歷太少，產生這樣的心理是很正常的，但有時這樣做，會導致南轅北轍的結果。

由於人的身份地位、脾氣秉性都不盡相同，要想找到一個統一的標準供參考，實屬不易，也可說是根本不可能。所以，你其實沒有必要去效仿他人，只要堅守「不做損人利己的事情」，即可獨善其身。

做損人利己的事會讓人討厭，這是無庸置疑的，更何況損害了別人也不一定對自己有利。自私自利之人，往往不能領悟到這一點，毫無顧忌地損害他人的利益，把苦轉嫁到旁人身上，認爲這麼做才能保住自身利益。事實上，這種想法大錯特錯，以這種態度處世，走到哪裡都不會受歡迎，既損人又不利己。

想給自己留退路，首先要給別人留退路，這是人情味的一種表現。做人要有人情味，眞正的強者，都能把握這一點。

要做人，就要做個正直的人，損人利己的事情千萬不能做，因爲這只能獲得一時的短期利益，從長遠來看沒有半點好處。

與人交往，一定要恪守「絕不損人利己」這個原則，這是做人最基本的準則，也是處世順利的一張通行證。

榮耀均分，少惹嫉妒糾紛

「吃獨食」帶來的後果是很嚴重的，因此在獲得榮耀時，別忘與其他人共同分享。

與人合作時，抱持「吃獨食」的態度，會引起他人的反感，反而自斷生路，為下一次的合作製造障礙。

最明智的做法，是與所有合作夥伴一起分享成果，別做得太絕，把功勞全部搶到自己手裡。

在榮譽面前，正確的對待方式應該是：感謝、分享、謙卑。與人分享榮耀，是一種美德，也是做人的大智慧。

不管是在與人交際中，還是商業合作中，有福同享、有難同當，是贏得好人緣最直接、有效的方法。

在某一工作崗位上取得一些成績，自然要爲之慶祝，不過千萬不要忘記，感到高興的同時，還要考慮一下成績的由來。

如果成績的取得完全依靠自身力量，爲自己高興還說得過去，別人也會祝賀你，但是，不要忘了人有「眼紅、嫉妒」的劣根性，所以爲了自保，還是需留條後路，把榮耀和大家一同分享，免得自掘墳墓。

要想靠自己的力量取得一定的成績，不是一件容易的事，大部分成績的由來，是依靠他人的幫助，這時你如果只顧自己，就有些「吃獨食」的感覺了。他人也會覺得你好大喜功，懷恨在心，產生不滿，輕則以後斷絕與你合作，重則尋找時機對你施以報復。

獲得成績原本是一件好事，卻由於自己一點小小的貪念，造成嚴重的後果，丟了朋友也毀了名聲，實在划不來。

凡森在一家圖書出版社擔任編輯，為人隨和也很有才氣，平日裡總喜歡與同事開些小玩笑，所以單位上下關係都非常融洽。舒心的工作氛圍，給凡森創造了許多寫作的機會，閒下來時，他會拿起筆，隨意地寫點什麼。

有一次，他編輯的圖書在評選中獲得了大獎，而且位居銷售排行榜榜首。為此，他感到無比榮耀。大概是開心過了火，他逢人便誇耀自己的圖書獲了大獎，同事們表面上紛紛祝賀，可是一個月之後，他發現工作氛圍變得冷漠許多，平日裡的笑容全部消失了。單位裡的同事，似乎都在刻意地躲避他，甚至刻意和他過不去。

一段時間以後，他終於找到了矛盾衝突的產生根源——自己犯了「吃獨食」的錯誤。

一本書可以獲得大獎，身為責編，凡森的功勞自然很大，可那畢竟不是憑一個人的力量完成的，其他人也為此付出不少心血，這份榮耀，所有參與者都應當分得一份。這就是人之常情，在榮耀面前，不會認為某個人的功勞最大，唯一的想法就是「我沒有功勞，也有苦勞」，分得一份乃理所當然。

上面這則故事裡，凡森一個人獨佔了所有的榮耀，別人心裡當然不舒服，尤其是他的頂頭上司，心裡還可能產生不安全感，擔心自己的位置不保。以此爲戒，當你在工作中取得一定的成績時，別忘了做人的原則，一定不能「吃獨食」，切記大方地與別人一同分享，免得自斷後路。

• 榮耀均分

生活中，有些人根本不在乎實質分得的榮譽是多還是少，想要的只是獲得榮譽時的快感。意識到這種心理後，你應主動在口頭上感謝他人的支持與幫助，主動把一部分榮譽交到他人手上。

如此一來，別人會認爲他在你心目中有個位子，你沒有把他們忘記，在以後的合作中，自然會更盡力地幫助你。

與他人一同分享榮譽的方式很多，你可以請大家吃頓飯，輕輕鬆鬆就籠絡了人心，堵住了悠悠之口。

・懷有感恩的心

獲得榮耀後，別忘了感謝同仁的協助，不要認為所有的功勞全部屬於自己一個人，更不可以忘記感謝上司，稱揚他的提拔、指導、授權、支持。

若上司確實給予很大的幫助，你感謝他時更要眞誠一些；但如果上司沒有為你的成功付出任何努力，同仁的協助也十分有限，照理說根本不值得你去道謝，不過，如果你是一個會做人的人，還是該大方地讚美他們。雖然這麼做顯得有些虛偽，卻可以避免使你成為他人的箭靶。

參加過頒獎儀式，就應該明白，為什麼很多人上台領獎時，開場的第一句話就是：「我要感謝……」，其中的涵義就在於此。

儘管這種感謝只是發自口頭，缺乏「實質」意義，但聽到這些話的人，會感到很舒服，自然沒有空暇再去議論、妒忌。

・謙卑謹慎

謙虛使人進步，驕傲使人落後，這絕對是眞理。

有些人得了榮譽就沾沾自喜，甚至還會得意忘形。雖然愉悅的心情可以理解，卻沒有考慮到他人的感受，別人只好承受著你的氣焰，出於情面又不好說些什麼，因爲你正在風頭上。

久而久之，彼此間的不滿和矛盾越積越深，便會在工作中有意無意地抵制你，讓你碰釘子。所以，獲得榮耀時，必須表現得更加謙卑。別人看到你如此謙卑，自然不會再對你耍小手段。

會做人的人，能以正確的態度對待獲得的榮耀，榮耀越高，對人越客氣，頭越低，而且不會經常地在別人面前提及自己的功勞成果，以避免引起不必要的妒忌，招惹麻煩。

「吃獨食」帶來的後果是很嚴重的，在獲得榮耀時，別忘了大方地與其他人共同分享。去感謝別人、與人分享、謙虛做人，將可有效避免遭到攻擊，爲自己留條能夠全身而退的後路。

否則，免不了自討苦吃、自食苦果。

9.

給人下台階，交往更和諧

人際交流互動過程中，
遇到令人尷尬的場面時，
別忘了主動釋出善意，
為別人留個「台階」。

謙虛才能累積實力

驕傲使人變得無知。那些自以為是、沾沾自喜、自高自大的人，通常目光短淺，猶如井底之蛙。

驕傲自滿會使一個原本智勇雙全的人迷失了理智，會讓原本聰明的人無法鑑別敵手的實力，只會一味陶醉於自己目前的境界。你的對手就希望你像膚淺的半桶水一樣開心地叮噹作響，那麼他正好可以伺機超越你或攻擊你。

自滿自得是一種無知，無知的人最多只能得到無知的幸福。驕傲往往和才能成反比，越謙虛的人越能累積實力。正如大才樸實無華、小華小才華而不實一樣，眞正擁有值得驕傲才能的人往往謙遜平和，只擁有雕蟲小技的人卻總是喜歡露出一副不可一世的傲慢嘴臉。

其實，眞正相信自己的人很少，有些人的自信只不過是一種「自大的盲目」，似乎在潛意識裡知道自己內心的空虛，所以極力避免看透自己，總是維持虛假的充實。眞正有自信的人必定是有勇氣正視自己的人，這樣的自信也必定和了解自己的實力密切聯繫。

事實上，幾乎所有偉大的天才都並非天性自信的人，相反地倒有幾分自卑，他們知道自己的弱點，爲此感到苦惱，不肯屈服於這個弱點，於是奮起自強，反而造就令人驚訝的業績。

驕傲使人變得無知。那些自以爲是、沾沾自喜、自高自大的人，通常目光短淺，猶如井底之蛙。狷狂、傲慢的反面是謙遜，謙遜是戒除狂傲的對症良藥。眞正的謙虛不是表面的恭敬、外貌的卑遜，而是眞正了解狷狂的害處，發自內心的謙和心態。

懂得自我克制，明瞭如何應對進退，知道自己不如別人的地方，並且虛心接受別人的批評指正，才能成就大事。

如果一個人驕傲自滿、狂妄自大，即使是親近的人也會感到厭惡。我們不難見到，古今中外那些創建輝煌事業的人，都時時心懷自滿招損的戒懼，普通人就更應該克制自己狂妄、自傲的心態。

但是，並沒有多少人明白這個道理，即使像關羽如此智勇雙全的人也有驕傲自滿的時候，這個弱點導致他最後兵敗身亡。

關羽出師北進，俘虜了魏國左將軍于禁，並將征南將軍曹仁圍困在樊城。這時，鎮守陸口的吳國大將呂蒙回到建業，稱病休養，年輕部將陸遜前去看望，兩人談論起國事兵事。

陸遜說：「關羽節節勝利，不斷立下大功，更加自負自滿，現在聽說你生病了，對我們的防範有可能鬆懈下來。他一心只想討伐魏國，如果此時我們出其不意地進攻，肯定打他措手不及。」

聽了陸遜這番話，呂蒙立即向孫權推薦陸遜代替自己前去陸口鎮守。

年輕的陸遜一到陸口，馬上就寫信給關羽：「您巧襲魏軍，只付出極小的代價便大獲全勝，立下顯赫戰功，這是多麼了不起的事！敵軍大敗，對我們盟國也十分有利。我剛來此地任職，沒有什麼經驗，學識也淺薄，一直很敬仰您，所以懇請您指教。」接著又吹捧關羽：「以前晉文公在城濮之戰中立下的戰功，也無法與將軍的戰略相比。」

陸遜的謙卑態度和吹捧詞語使關羽更加自滿，對吳國更加鬆懈放心。但事實上，吳國正暗中調兵遣將，等到備妥擊敗關羽的條件之後便揮軍進攻，導致關羽敗走麥城。

與人為善最划算

任何想討得便宜、塑造好形象的人，都要懂得一個最基本道理——善待身邊的每一個人。

將心比心、投桃報李，是聰明人都懂得的做人道理。

善待身邊的人，他們必會透過不同的方式回報。會做人的人從來不忘善待身邊的每個人，不會做人的人則只懂善待自己。

生活中絕大多數的人，都喜歡聽到別人的讚揚，從自身地位卑微、一貧如洗，到身世顯赫、腰纏萬貫，無一例外。

聰明人會抓住這種心理，在適當的時機，滿足他人希望被稱讚的願望，以博取好感，達到記得便宜又賣乖的目的。

相較之下，腦筋迂腐、不懂變通的人，即使知道別人需要得到心靈上的滿足，也不願意開口說點好聽話，尤有甚者，還會給人當頭一棒，澆下一盆冷水，打消別人的興奮期待情緒。抱持這種錯誤態度，在人際交往中處處碰壁，實在怪不得任何人。

只要細心觀察就不難發現，時下廣告用語已經抓住了這項人性特質，會在宣傳商品同時不露痕跡地稱讚消費者，例如「聰明的人都會使用」、「想成爲人人羨慕的對象就要使用」。

由此可見，聰明的生意人都摸透了人們希望受稱讚的傾向，把它作爲一種經營方法，運用到激烈的商戰中。

現實生活中，絕大多數人，都不可能一下子由平庸變成受矚目的傳奇人物，就好像一個普通的職業婦女，絕不可能只因爲使用了某種化妝品或穿上某件衣服，便一下子搖身一變爲名媛貴婦。

但十分有趣的是，儘管明知自己不會變成貴婦，婦女們仍捨得花大錢購買那些昂貴的商品。

爲什麼呢？原因很簡單，因爲廣告中透露出的讚美與暗示，使她們的虛榮心得到了滿足。

抓住心理需求，讓他人的願望得到滿足，之後再求對方辦事，他自會爲你肝腦塗地、義無反顧。一來一往過程中，你無須付出太多心力，卻能使自己的人氣不斷提升，辦起事來得心應手。

想想，還有比這更「便宜划算」的事情嗎？

明白這個道理之後，我們可以把滿足他人希望得到讚美的願望，當作爲人處世中必備的一件致勝法寶。

不過，更進一步來看，怎樣才能將這個法寶應用得活靈活現呢？這是人們急切想知道的問題。

人際交往互動的過程中，一旦有摩擦產生，我們經常可以聽到當事者說出「你算什麼東西」、「你有什麼資格說我」、「你以爲你有多了不起」……之類傷人的話。

歸根究柢，敢於說出這種話的原因，是大部分人對似乎無關輕重的「小人物」，根本不放在心上，也不給以應有的尊重。殊不知，「小人物」也有可能在特定的場合、特定的時間成爲決定成敗的大將。

任何想討得便宜、塑造好形象的人，都要懂得一個最基本道理——善待身邊的每一個人。

而善待他人的最好方法，就從讚美開始。

強調他人錯誤，對自己沒有好處

有句話說得好：打人莫打臉，傷人莫傷心。做任何事情都有一定的限度，與人交往，切記替對方保全顏面，留個「台階」。

社交活動中，適時地為陷入尷尬境地者提供一個恰當的「台階」，使他免丟面子，是一種高明的交際手腕。這不僅能使你獲得對方的好感，更有助於樹立良好的社交形象，對日後行事大有好處。

或許你會問，為什麼有必要在公開社交場合特別注意為人留面子，給人留「台階」下呢？

這是因為在社交場合，每個人都被展現在眾人面前，因此格外注重自身形象的塑造，會比平時抱著更為強烈的自尊心和虛榮心。這種心態支配下，人們會因你使他下不了台，產生比平時更爲嚴重的反感，甚至與你結下終生怨恨。

同理，他也會因你提供了「台階」，使他保住了面子、維護了自尊心，而對你更爲感激，產生更強烈的好感。

這兩種心態的產生，對於彼此日後的交往互動，會產生極爲深遠的影響，卻恰恰爲不少人所忽略。

下列幾種錯誤行爲，將可能陷他人於難堪的境地，必須避免：

• 揭露對方的錯處或隱私

誰都不願自己的錯處或隱私在大衆面前曝光，一旦被「公諸於世」，必定會感到難堪惱怒。

在交際中，如果不是爲了某種特殊需要，一般來說，應儘量避免觸及對方所忌諱的敏感區，避免使人當衆出醜。眞有必要，可委婉地暗示，製造一點心理壓力即可，但不可過分，一切「點到爲止」。

中國大陸某知名大飯店，一位外賓吃完最後一道茶點後，竟順手把精美的景泰藍筷子悄悄「插入」西裝口袋裡。

服務小姐見狀，笑容滿面地迎上前去，雙手捧著裝有一雙景泰藍筷的緞面小盒子，說：「我發現先生在用餐時，對景泰藍筷頗有愛不釋手之意。非常感謝您對這種精細工藝品的賞識，現在，我代表本店，將這雙圖案最爲精美、細緻，並且經嚴格消毒處理的景泰藍筷奉上，並按照『最優惠價格』記價，您看好嗎？」

那位外賓也是聰明人，當然明白這段話的弦外之音，聰明地抓住了餐廳給予的「台階」，表示謝意之後，推說自己多喝了兩杯，頭腦有點發暈，誤將筷子插入口袋裡，實在不好意思，避過了尷尬局面。

• 張揚對方的失誤

誰都可能犯下不小心的失誤，比如念了錯別字、講了外行話、記錯了對方的姓名職務、禮節失當等等。

發現他人出現這類情況時，只要無關大局，就不必大加張揚，故意搞得人人皆知，使本來已被忽視了的小過失，一下子變得極爲顯眼。

他人出醜時，最忌諱抱著譏諷的態度，以爲抓住了難得的「笑柄」，小題大做，拿人家的失誤在衆人面前取樂。

這麼做或許可以逞一時之快，但後患無窮，不僅使對方感到難堪，傷害他的自尊心，使他對你反感或報復，更不利於你自己的社交形象。

別人會覺得你爲人刻薄，並下意識地在今後的交往中對你敬而遠之，產生戒心，無論怎麼看，都相同不划算。

• 讓對方敗得太慘

社交過程中，常會參與一些帶有比賽性、競爭性的活動，比如棋類比賽、乒乓球賽、羽毛球賽等。儘管這些活動本身的目的在連絡感情，但參與者還是會希望獲得勝利，此乃人之常情。

有經驗的聰明人，在自知實力絕對能夠取勝的情況下，往往會「留一手」，刻意不使對手敗得太慘、太狼狽，做到既不妨礙自己取得勝利，又不使對手輸得太沒面子。

與人相處正像下一盤象棋，只有閱歷不深的初生之犢，才會一口氣贏個七、八盤，對弈者已漲紅了臉、抬不起頭，他還在一個勁地大喊「將軍」。

有句話說得好：打人莫打臉，傷人莫傷心。做任何事情都有一定的限度，一旦傷了人心，就有可能讓你失掉好人緣，成爲舉目無親的孤家寡人。

與人交往，切記替對方保全顏面，留個「台階」。

給人下台階，交往更和諧

人際交流互動過程中，遇到令人尷尬的場面時，別忘了主動釋出善意，為別人留個「台階」。

我們不但要儘量避免因自己的不慎，造成別人下不了台，更要學會在對方可能不好下台時，巧妙且及時地提供一個「台階」。

不過，這個「台階」該如何給，是一門不好拿捏的學問。若是不懂技巧，很可能會由於方法不當、過於刻意，反而使對方更感尷尬，造成更大傷害。

以下，提供必須注意的幾點：

既能使當事者體面地全身而退，又儘量不使在場的旁人覺察，這才是最巧妙的「台階」。

・不露聲色

一位客人在飯店請客，邀了十個人，卻只要三瓶酒。

一般情況下，應該會開五瓶酒才對，飯店女服務員相當有經驗，立刻由此看出請客者的手頭並不太寬裕。

爲了維護客人的面子，不使他感到難堪，她決定不露聲色地親自替這一桌客人斟酒，控制速度。五道菜後，客人們的酒杯裡的酒還滿著。請客的人不僅放下了心中的大石頭，臉上更感光彩，深深感激服務員爲自己圓了場，臨走時誠摯地表示以後還會再來這裡。

試想當時的狀況，服務員想讓這位客人「出洋相」是非常容易的事情，但那樣必定會失去一位主顧，沒有任何好處。

善於交際的人，往往會不動聲色地幫助對方擺脫窘境，不知不覺間深化彼此的情誼，爲以後的長遠發展鋪路。

・運用幽默語言

幽默是人際交往最有效的潤滑劑，一句幽默語言，能使雙方在笑聲中相互諒解，並感到愉悅。

作家馮驥才在美國居住時，一位朋友帶著兒子到公寓去看他。想不到他們談話間，那個壯得像牛犢的孩子，竟然爬上馮驥才的床，自顧自地在上面蹦跳起來。

如果直接了當地拉孩子下床來，勢必會使父親產生歉意和不悅，也顯得自己不夠熱情、不夠度量，於是，馮驥才說了一句幽默的話：「請你的兒子回到地球上來吧！」

那位朋友立刻說：「好，我和他商量商量。」

巧妙運用幽默，結果自然是既達到了目的，又顯得風趣。

・盡可能地為對方挽回面子

當遇到使對方陷入尷尬境地的意外，你在提供一個「台階」的同時，如果還能採取某些妥善措施，及時地爲對方面子上再增添一些光彩，該是最好不過的事情了。

你希望與人爲善，左右逢源，佔盡便宜嗎？

那麼，人際交流互動過程中，遇到令人尷尬的場面時，別忘了主動釋出善意，爲別人留個「台階」。

多讓一步，人生更少險阻

人生好比行路，總會遇到狹窄難行的關卡。這種時候，最好停下來，讓別人先行一步。

你認爲，一個人最在意、最不容許失去的是什麼？

答案不是金錢，不是愛情，而是自尊。

一個自尊和人格受到損害的人，會爲自我保護的心理，做出什麼樣激烈的事情來，根本無法預測。

許多時候，我們本無存心傷人之意，卻可能因爲一句無意的話，爲自己樹立一個敵人。由此看來，謹言愼行很有必要。

以下這則故事，有相當大的思考空間，相信能給你一些啓示。

小麗是位自尊心很強的女孩，卻不幸跟幾位「沒教養」的人當了同事。這些人舉止隨便、輕浮，小麗很看不慣。

一次，正下著雨，一位女同事想出去買東西，拎起小麗的傘就走。小麗十分不高興，心想：怎麼招呼也不打就用別人的東西呢？未免太欺負人，太不懂禮貌了！

於是，她勉強忍住氣說：「妳拿錯傘了吧？」

想不到對方大剌剌地回答：「我忘了帶傘，借妳的用一下。」

「妳好像沒跟我說『借』字吧！」

「哎喲！大家都是同事，還用得著說『借』嗎？我的東西還不是放在那裡，誰愛用就用。」

小麗板起臉孔，冷冷地說道：「那是妳，不是我。要用我的東西就得說『借』，我不同意，誰也不准拿！」

沒想到，從這件小事發生之後，小麗的處境便有了很大的改變，那幾位同事再也不理她，連工作上的合作都不願意。

不知情的上司以爲是小麗的問題，經常提醒她注意經營人際關係，不要造成大家的困擾，根本不聽她的解釋。

爲此，小麗常常憤憤不平地想：我只不過是維護自己應有的權利而已，難道這也錯了嗎？

當然，捍衛自身應有的權利沒有錯，但做法可以有很多種。小麗的動機固然正確，但是方法與態度並不高明。以這種態度爲人處世，必定免不了爲自己樹立許多敵人。

在工作和生活中，隨時都會遇到一些人，或許有心，或許無意，說出傷害我們的話，或做出對不起我們的事。

這種時刻，你認爲如何應對最好？是針鋒相對，以怨報怨，還是寬容爲懷，大方地原諒？

人生好比行路，總會遇到狹窄難行的關卡。這種時候，最好停下來，讓別人先行一步。適時讓步，才能減少險阻。

心中常有這種想法，生活就不會有那麼多抱怨了。畢竟，即使終身讓步，也不過百步，能對人生造成多大影響呢？

經常讓人一步，別人心存感激之餘，也會讓你一步，於是一條小路從此變成了康莊坦途。

事事不肯讓人，別人心懷怨恨，就會設法阻礙、損傷你，那麼即使是一條大路，也會充滿險阻，窒礙難行。

懂得尊重，才有良好互動

與他人發生摩擦時，首先要了解對方的想法，然後在顧及顏面的前提之下，陳述意見，留有餘地。

人與人之間的交往，說穿了就是心與心的交往，所以誠心換來的是眞情，壞心換來的是歹意。

春秋時代，群雄並立，其中有一個小國，名叫中山。

一次，中山的國君設宴款待國內名士，不料羊肉湯準備的份量不夠，無法讓在場的人都喝上。沒有喝到羊肉湯的司馬子期感到很失面子，便懷恨在心，竟然到楚國勸楚王攻打中山國。

中山國很快被攻破，國君不得已，只得逃往國外。他一路狼狽地奔逃，卻發現有兩個人拿著武器跟在後面，便問：「你們來幹什麼？」

那兩人回答：「從前有一個人，曾因得到您賜予的一點食物而免於餓死，我們就是他的兒子。我們的父親臨死前囑咐，不管中山國以後出什麼事，我們都必須竭盡全力，以死報效君王。」

中山國君聽完，感歎地說：「仇怨不在乎深淺，而在於是否傷了別人的心。我因爲一杯羊肉湯而亡國，卻又由於一點食物而得到兩位勇士。」

這故事告訴我們，與人相處過程中，千萬不可傷及對方的自尊，而要拿出眞心，設身處地和他人交往。

從前有一位高官，喜歡下棋，自詡爲高手，相當自傲。

某甲是他門下衆多食客中的一名，有相當不錯的才幹和智慧。有一天兩人下棋，某甲一下手便咄咄逼人，下到後來，竟逼得這位高官心神失常，滿頭大汗，狀況非常狼狽。

某甲見對方神情焦急，格外高興，故意留一個破綻。高官一見，滿以爲可以轉敗爲勝，誰知某甲又突出妙手，局面立時翻盤。

只見某甲得意地道：「你還想不死嗎？」

這位高官遭此打擊，心中很不高興，雖然有一定的修養，也禁不起刻意嘲弄，於是起身便走。從此以後，這位高官便對某甲有了極深的成見，再也不願見他的面，當然更不可能提拔。

可悲的是，某甲始終不明白自己犯了什麼錯，鬱鬱不得志。到死之前，他都不知道自己錯在不懂得顧全別人的自尊。

如果遇到必須取勝、無法讓步的事，又該怎麼做呢？

切記，即便如此，仍然要給別人留一點餘地。這就好像下圍棋一樣，「贏一目是贏，贏一百目也是贏」，那麼只要能得勝就行了，何必非要讓對方滿盤皆輸、走投無路？

又比如與人爭辯，以嚴密的辯論將對手駁倒固然令人高興，但絕對沒必要批駁得體無完膚。這樣做不但對自己毫無好處，甚至會自食惡果，於日後遭到更猛烈的反擊。

與他人發生摩擦時，首先要了解對方的想法，然後在顧及彼此顏面的前提之下，陳述自己的意見，留有餘地。

懂得尊重，人際之間才有良好互動，這是一個不爭的眞理。

落井下石，害人更害己

平日千萬不可做落井下石的事，這不僅僅是為他人保留顏面，更是為自己日後發展的順遂著想。

人落魄時，最需要的是理解和幫助，若是對方與你沒有積怨舊恨，即使不幫助他，也應理解他，大可不必落井下石。

打落水狗，可得小心對方狗急跳牆，反咬你一口。所以，看到他人落難，就算你不打算向對方伸出援助之手，也不應該跟著別人一起落井下石，免得日後爲自己惹來更大麻煩。

娟娟是一家雜誌社的攝影，由於曾在美國待過一段時間，行事有些洋派，在作風保守的雜誌社裡，顯得格格不入。

她的個性較散漫，又常做錯事，總編輯早就看她不順眼，只因她是老闆朋友的女兒，所以只好睜一隻眼，閉一隻眼。

有一天，爲了一些照片，總編輯和娟娟起了衝突，衆人見戰火引燃，紛紛過去圍觀。娟娟還要力爭，衆人你一言我一語地加入戰場，她一舌難敵衆口，狼狽而逃。

在這之後，衆人更不約而同地聯合起來打擊她，挑她照片的毛病，批評她偶爾的遲到早退。

後來，她被迫辭職了。

在職場上，這就是最標準的落井下石，對失勢的人，或遭遇困境及外來攻擊的人，再加以嚴厲打擊。

別小看落井下石的傷害，人家本來已經夠慘了，你還要跟著給予打擊，豈不是最標準的雪上加霜！

當然，一個人「落井」後還遭「下石」，背後必定有原因，例如平常不懂和別人相處，鋒芒太露，引人嫉妒，妨礙了別人的利益等等。凡此種種，都會使人產生「除之而後快」的心理。所以，會不會遭遇落井下石，與個人在團體中扮演的角色、做人成敗，關係極大。

每個人的價值觀都不一樣，行事原則也不見得能讓所有人滿意，難保不會有受挫、落魄、被打擊的時候。平日千萬不可做落井下石的事，這不僅僅是爲他人保留顏面，更是爲日後發展的順遂著想。

見到他人遇難，不向對方伸出援助之手，反而還落井下石、雪上加霜，這種做法只能逞一時之快，從長遠角度來看，實在佔不了多大便宜。

有心改善人際關係的人，千萬要控制好自己的行爲，明哲保身，別做出陷害打擊人的事。

10.

不要錯把把固執當堅持

再筆直的路也偶爾會有一些小顛簸，
再好的方法也可能會有一些小缺點，
即使我們能眼觀四方，
始終還會有看不見的盲點。

從錯誤中迅速進步

犯錯是為了求進步，所以你可以犯許多不同的錯，然後從不同的錯誤中學到不同的經驗和教訓。

每個人都有可能犯錯，犯錯其實並不可恥，讓犯錯成爲可恥的方式只有一種：不斷地犯同樣的錯。

如果你也是這樣的話，又如何將週遭的「壞人」變成貴人呢？

王先生在公司裡已經是很資深的員工了，可是職位卻一直沒有提升。雖然他已經待了二十多年，對公司的一切事務也都很了解，但依然只是個基層職員而已。

對於這個情形，王先生也不知道到底是爲什麼。

這一天，眼看一個進公司還不到一年的新人被提升爲主任，王先生再也忍受不了了，決定前去找老闆理論，問清楚到底爲什麼一直不讓他升級。

王先生開門見山地對老闆說：「我在這家公司已經做了二十年，比你提拔的新人還多了二十年的經驗，爲什麼你寧願升他也不要升我？」

老闆聽完王先生的抱怨，心平氣和地回答道：「你說錯了，其實你只有一年的經驗而已。」

王先生覺得很驚訝，反問老闆：「爲什麼我只有一年的經驗？」

老闆回答：「因爲你沒有從自己的錯誤中學到任何教訓！你到現在都還在犯你第一年剛進公司時會犯的低級錯誤。」

文藝復興時期的大藝術家達文西說：「鐵不用就會生銹，水不流就會發臭，人的智慧不用就會枯萎。」

確實如此，唯有懂得運用智慧的人，才可能激發高明的創意，爲自己創造出無可比擬的競爭力。

別急著抱怨別人老是對你那麼壞，先想一想，你是不是跟故事中的王先生一樣，做事不用腦袋，一點都不值得期待？

同樣的錯誤，犯第一次時可以原諒，第二次可以當作是不小心，犯第三次就代表你根本不用心！

犯錯是爲了求進步，所以你可以犯許多不同的錯，然後從不同的錯誤中學到不同的經驗和教訓。

如此，從錯誤中反而可以學習正面的結果。

如果，你只是一直重複同樣的錯誤，不只得出的結果是負面，連自己在別人眼中的形象也會成爲負面。

把學歷轉化成能力

文憑就跟外表一樣，雖然一開始容易吸引眾人的目光，但是沒有缺乏真材實料的內在，也只是無用的裝飾品而已。

現代社會中，學歷的重要性是無庸置疑的，大學畢業也已經成了最基本的標準。但是，如果沒有眞才實學的話，再好的文憑和學位，也沒有辦法成爲不可取代的優勢。

肯尼迪高中畢業後就開始找工作，偶然間發現了一則徵人廣告：某家知名的出版公司要招聘一位負責五個州內各書店、百貨公司和零售商的業務代表，薪水是一個月一千六百美元到兩千美元，另外還有工作獎金、出差費和公司配車……等等。

這是肯尼迪夢寐以求的工作，可惜，他在面試的時候就被拒絕了。主管很客氣地對肯尼迪解釋為什麼拒絕他的理由：第一、他的年紀太輕；第二、他沒有相關的工作經驗；第三、他只有高中畢業而已。

肯尼迪竭盡所能地毛遂自薦，但是主管的態度仍然十分堅決。這時，肯尼迪靈機一動，對主管說：「反正你們這個業務代表的空缺已經缺了六個月了，再缺三個月應該也不會有太大的差別。既然如此，能不能讓我先做三個月？我不要薪水和交通工具，公司只要負擔我的出差費就行了。等三個月之後，你再決定要不要錄用我，如何？」

主管覺得肯尼迪的辦法很有趣，便答應了他的條件。

在這短短的三個月裡，肯尼迪達成許多耀眼的成績，其中包括了重組了銷售流程，創下公司有史以來的銷售紀錄；他也爭取到更多新客戶，包括一些以往一直爭取不到的客戶。

於是，不到三個月，肯尼迪就被錄取了。

在人生的各項競爭中，聰明才智才是決定勝負的關鍵。因此，平常就得經常鍛鍊自己的腦力，讓才智像太陽一樣發光，如此它才可能成為你超越別人的秘密武器。

地球已經變平了，競爭者正虎視眈眈想搶走你的機會。想要比別人成功，光是靠認眞和努力是不夠的，有時候在做人方面必須多一點心機，做事方面必須多一些努力，才能讓自己在這個充滿變數的社會中出人頭地。

學歷固然很重要，但是把學歷轉換成能力則更重要。如果做不到這一點，那麼擁有再顯赫的文憑，也不過代表比一般人會讀書而已。

文憑就跟外表一樣，雖然一開始容易吸引衆人的目光，但是沒有缺乏眞材實料的內在，那麼再好看的外表，也只是無用的裝飾品而已。

努力，要讓別人看得到

想要脫穎而出，除了比別人做得更好之外，還要讓自己更耀眼！埋頭苦幹是行不通的，還得讓大家看得到你的努力才行！

活在這個腦力競賽的社會，想要一鳴驚人，就必須具備一些做人做事應有的心機，別再傻乎乎地混日子。

有點心機並不是件齷齪的事，重點在於如何將心機運用在恰當的時機。

大家都知道要努力才會成功，但卻不是每個人都知道該如何「努力」。

其實，努力並不等於埋頭苦幹，有目的、有方法的「努力」，才是有效達到目標的好辦法。

曾經有一個衣衫襤褸的少年，到摩天大樓的工地，向衣著華麗的承包商請教：「我應該怎麼做，長大後才能跟你一樣有錢？」

承包商看了少年一眼，對他說：「我跟你說一個故事：有三個工人在同一個工地工作，三個人都一樣努力，只不過，其中一個人始終沒有穿工地發的藍制服。最後，第一個工人現在成了工頭，第二個工人已經退休了，而第三個沒穿工地制服的工人則成了建築公司的老闆。年輕人，你明白這個故事的意義嗎？」

少年滿臉困惑，聽得一頭霧水，於是承包商繼續指著前面那批正在鷹架上工作的工人對男孩說：「看到那些人了嗎？他們全都是我的工人。但是，那麼多的人，我根本沒辦法記住每一個人的名字，有些人甚至連長相都沒印象。但是，你看他們之中那個穿著紅色襯衫的人，他不但比別人更賣力，而且每天最早上班，也最晚下班，加上他那件紅襯衫，使他在這群工人中顯得特別突出。我現在就要過去找他，升他當監工。年輕人，我就是這樣成功的，我除了賣力工作，表現得比其他人更好之外，我還懂得如何讓別人『看』到我在努力。」

日本心理學家昌平修一在《有效的行動》裡說：「真正有能力的人，工作時總是默不作聲，乾淨俐落地把任務完成，但是，在工作過程，他們不會忘記讓上司看見自己的努力。」

不要以爲只有你一個人在拼命工作，其實每個人都很努力！

因此，如果想要在一群努力的人中脫穎而出，除了比別人做得更好之外，就得靠其他的技巧和方法了。

最好的辦法，就是找出自己與衆不同的特質，將你的努力用在發揮這些特質上，如此一來，即使做的是相同的工作，那麼你也會比別人更耀眼，更有可能獲得成功的機會！

「殺雞儆猴」是對付小偷的最好方法

真正的成功者從來都不會錯過生活中的細微處，積極是他們的處世態度，創意是他們的生活方式，靈活是他們的思考技巧。

在這個講究策略的年代，心機儼然成了最重要的競爭力。有點心機其實不算卑鄙，它只不過是爲了保護自己，同時讓自己更順利達成目的。

面對棘手的事情與難纏的人物，只要我們願意積極鍛鍊自己的心智，保持冷靜而沉穩的態度，就能快速找到解決的方法。

所謂「戲法人人會變，巧妙各有不同」，想決戰商場的人，除了要有獨到的銳利眼光之外，更要有靈活的創意巧思，才能發現新商機。

今天是小週末，位於多倫多市區的這間百貨公司內人潮十分擁擠，每個櫃台都擠滿了人。

這時，男裝部的櫃台前忽然發生騷動，只見兩名警衛用力地壓著一名盜賊，而那個盜賊則使力地掙扎著，並大聲地喊叫著：「我不是小偷！」

警衛不理會他的叫喊聲，圍觀的群衆們還來不及了解發生了什麼事，「小偷」便被警衛們一路拖回到辦公室裡。

然而當房門關上後，警衛卻立即將小偷放開，接著還拍了拍他的肩膀說：「好了，半個小時後，我們再在文具部的櫃台前表演一次。」

你是否也看得一頭霧水呢？

其實，這是一齣假的「警察捉小偷」戲碼，那是專門演給顧客們看的，而這名小偷還是從一間「租賊公司」訓練出來的演員呢！

只是，爲什麼會有租賊公司呢？這間公司的老闆又是怎麼樣一個人呢？

據說，這間租賊公司的老闆名叫寇亨，現年三十歲，是個智慧超群而且精明過人的商人。

曾經有人問他，爲什麼要開這樣奇怪的公司時，他笑著回答：「這個世界原本就什麼都有了，而且到處也都是些千奇百怪的經營方式或目標，我這也沒什麼奇怪的。當初我是這麼想，百貨公司等人潮多的地方，扒手一向很多，即使再多的保全人員或管理人員，還是無法防範。」

「所以，我就想出了一個點子，如果可以讓警衛當場抓到小偷，一定能達到殺雞儆猴的效果。只要讓眞的小偷看見有人被抓了，那麼他們心中一定會產生恐懼，自然而然也會削弱他們偷竊的念頭。雖然假小偷變多了，但事實上眞小偷卻在不知不覺中慢慢減少了。」

朋友們一聽，無不拍手稱妙！

寇亨的公司開張後，業績便不斷地創新高，事實證明，殺雞儆猴的效果十分顯著，果眞讓竊盜率降低了不少。

看著寇亨發現的商機，可說是一舉數得。因爲在降低百貨公司失竊率的同時，他不僅爲自己賺進了不少財富，還爲演員們創造了另一片表演天空。

雖然成功和失敗往往只有一步之差，但在跨出步伐前，我們要給自己一個正確的態度：「努力累積你的生活腳步，如果你不想永遠晚人家一步，更不希望計劃一直停滯，積極培養銳利的眼光是當務之急，培養靈活的思考則是我們當下第一要務。」

想對付壞人，甚至把他們變成貴人，就得發揮各種巧思。眞正的成功者從來都不會錯過生活中的細微處，更不會讓自己的思路停滯。

因爲，積極是他們的處世態度，創意是他們的生活方式，靈活是他們的思考技巧，因此他們能發現別人從未發現的機會，達到別人無法達到的目標。

承認犯錯，才有機會補救

當你發現自己發生錯誤時，補救遠比掩飾犯錯還重要！只要你不隱瞞自己的錯誤，這個錯誤不但可以彌補，說不定結果還會比沒犯錯時更好。

每個人都會犯錯，不管多麼成功的人，在成功的背後，一定也有一連串的錯誤經驗。犯錯不是件可怕的事，唯一可怕的地方，在於「隱瞞」錯誤，因爲，隱瞞的結果，往往比所犯的錯誤還要嚴重得多。

格里在西爾公司當採購員時，曾經犯下了一個很大的錯誤。

該公司對採購業務有一項非常重要的規定：採購員不可以超支自己的採購配額！如果採購員的配額用完了，那麼便不能採購新的商品，要等到配額撥下後才能進行採購。

在某次採購季節中，有一位日本廠商向格里展示了一款很漂亮的手提包，格里身爲採購員，以專業眼光來看，認爲這款手提包一定會成爲流行商品。可是，這時格里的配額已經用完了，不禁後悔自己之前不應該衝動地把所有的配額用光，導致現在無法抓住這個大好機會。

格里知道自己現在只有兩種選擇：一是放棄這筆交易，雖然這筆交易肯定會給公司帶來極高的利潤；二是向公司主管承認自己的錯誤，然後請求追加採購金額。

格里決定選擇第二種方法。他一進主管的辦公室，就對主管坦承：「很抱歉，我犯了個大錯。」然後將事情從頭到尾解釋了一遍。

雖然主管對格里花錢不眨眼的採購方式頗有微詞，但還是被他的坦誠說服了，並且撥出需要的款項。

手提包一上市，果然受到消費者熱烈的歡迎，成爲公司的暢銷商品，而格里也因爲這次的超支學到了教訓，並且從中獲得寶貴的經驗。

我們都習慣把那些愛訓斥自己的上司看成「壞人」，因此，發生錯誤的時候，第一個想法就是掩飾。

其實，這是錯誤的做法，勇於認錯不但會讓你在對方眼中留下良好印象，也可以適時得到對方的援助。

發現自己發生錯誤時，補救遠比掩飾犯錯還重要！只要你不隱瞞自己的錯誤，這個錯誤不但可以彌補，說不定還可以幫助自己更上一層樓，結果還會比沒犯錯時更好。

一旦犯了錯，就要有承擔責備的心理準備，因爲自己做錯了，如果因爲害怕被責備而不願意承認錯誤，那結果就可能是失去更多的大好機會。

不要錯把固執當堅持

再筆直的路也偶爾會有一些小顛簸，再好的方法也可能會有一些小缺點，即使我們能眼觀四方，始終還會有看不見的盲點。

什麼是固執，怎麼才叫堅持？其中尺度拿捏確實需要一點智慧，不過，這裡有一個很簡單的辨識方法：「當你的堅持造成了別人的困擾，又或是因為太過堅持而讓自己失去了寶貴的機會，這些情況便不再是堅持的美意，而是人們公認的麻煩——『固執』。」

比爾原本是菲利普．莫里斯公司的首席理財專員，擁有哥倫比亞大學ＭＢＡ學位，可說是所有金融公司積極爭取的人才。不過，看似搶手的比爾，卻在菲利普．

莫里斯公司被別家跨國公司收購之後，立即被其他的理財專員取代。

換句話說，比爾失業了。

明白競爭環境的現實，比爾並沒有任何不滿，只有向以前的主管柯爾詢問：「在求職的過程中，你覺得我該怎麼做才能表現得更好？」

柯爾看了看比爾，滿臉認眞地說：「比爾，我想你應該知道，在這個行業中的主管大都比較保守，如果你想在別人面前改善形象，必須刮掉鬍子，不管你喜不喜歡，這麼一來面試的成功機率才會更高一些。」

但是，比爾卻搖了搖頭，似乎很不認同柯爾的觀點。

他這麼說：「如果他們不能接受我的裝扮，那將是他們的一大損失。」

柯爾嘆了口氣，對比爾說道：「你的實力我們知道，但是別人可不清楚你的能力啊！」

雖然柯爾了解比爾的想法，但是他仍然想說服比爾，希望他明白：「你可以在爭取到工作機會後再把鬍子留回來啊！」

然而，不管柯爾怎麼勸他，比爾始終置若罔聞，因爲對他來說，肢體或形象上的偏好，不應該成為一個人能力上的阻礙。

就這樣，比爾失業了一年，一直到失業滿一週年的當天，還是沒有找到工作，到那一天為止，所有應徵過的公司沒有一間願意錄用他。

所幸，他在擔任首席理財專員時存了一筆錢，這筆財富不僅足夠買下一間小公司，更能讓他保住自己的鬍子。對他來說，工作和生活一樣，都要以最舒服的方式呈現。

我們在生活中所遭受的痛苦與折磨，有些是週遭的「壞人」硬生生加在我們身上，有些則是我們自找的。

很多時候，我們自認為的「堅持」，只不過是牛脾氣發作之時，不分輕重緩急的「固執」。

在這個表現自我的時代，懂得堅持本色原本是件很好的事，但是如果「堅持」變成了「固執」，那可就不是件聰明人應該做的事。

就像故事中的比爾，雖然最後靠著自己的力量找到機會，但始終還是晚了一些。

我們不妨試著從另一個角度來思考，其實比爾一開始如果肯退讓一步，根本不必多浪費那一年的時間，畢竟以他的自信與實力，很快地便能擁有自己的辦公室，並自在地留下他想要的鬍子。

其實，再筆直的路也偶爾會有一些小顛簸，再好的方法也可能會有一些小缺點，即使我們能眼觀四方，始終還會有看不見的盲點。

所以，不管我們對自己多麼有信心，還是得學會謙卑，那並不是要我們當個只做表面工夫的人，而是爲了讓人們能有更多的機會展現自我。

停止反省，等於停止進步

無論任何企業，都必須隨著時代脈動調整步伐，並且在不斷的流動中反省，才能讓企業的價值越來越高，根基也紮得越來越穩固。

在人生過程中，我們往往會碰到許多挫折與困難。想要成功，就必須克服重重危機的結果。

在克服危機的過程中，懂得反省是很重要的，因爲只有懂得反省的人，才有可能找到衝破危機的方法。

安麗是美國知名的消費品製造商，擁有超過一百萬名獨立經銷商的全球直銷網絡，而且旗下販售的產品超過四千三百種。

更驚人的是，安麗所有的商品都是透過上門推銷和郵購的方式銷售，年營業額高達數十億美元。

安麗是由狄韋斯和傑文．安黛爾兩人共同創立的。狄韋斯讀高中時，遇到了傑文．安黛爾，兩個年輕人有著相同的夢想、希望和目標，就這麼開始了一起創造事業的過程。

五〇年代末，他們在自家的車庫裡展開了直銷事業。後來雖然遭遇過許多挫折，但是兩人從不放棄，並且彼此扶持、鼓勵，經過長時間的努力之後，終於演變成現在的安麗。

當媒體詢問狄韋斯的經營之道時，狄韋斯認爲，那些夢想擁有自己事業的人，最後往往只看重管理事業，而不是繼續成長。

大多數公司之所以會垮，是因爲原本的創立者忘了繼續進步的重要，只陶醉在公司目前的繁榮景象。

如果要繼續進步的話，就不能忽略時時自我反省。

白手起家的人固然值得欽佩，但是「守成」的人則更爲重要。要想維持成功的話，停滯不前非但無法維持原有的成績，反而是一種退步，甚至會導致瓦解。

無論任何企業，都必須隨著時代脈動調整步伐，並且在不斷的流動中反省，才能讓企業的價値越來越高，根基也紮得越來越穩固。

當然，想要在現實生活中持盈保泰，你也必須時時自我反省。千萬不要停止進步，要讓心思冷靜細膩，如此才能培養深謀遠慮的智慧，對可能出現的變數預做應變措施。

跌倒，別忘了立刻爬起來

大部分人因為不想嚐到失敗的滋味，所以一輩子怯怯懦懦，並且還因此沾沾自喜，殊不知這才是最大的失敗！

不論做任何事，剛開始時總是容易跌跌撞撞，就像嬰兒學走路一樣；除非你眞的天賦異禀，要不然，跌倒對每個人來說，其實都只是不足爲奇的小事而已。重點在於，跌倒之後你能不能立刻站起來。

安東尼十四歲的時候來到美國，因爲他從七歲起就跟著裁縫師學裁縫，所以到了美國之後，很順利地就在一家裁縫店中找到工作。

到了十八歲時，安東尼決定要成立一家屬於自己的店。於是，他和弟弟及其他合夥人共同買下了一間禮服店，信心滿滿地把所有的積蓄都投資在這裡頭。但是，接下來發生的許多事情，卻不斷地考驗著安東尼開店的決心。

先是在即將開業的前一天晚上，被小偷偷走了將近八萬美元的存貨；接下來他再度進的貨，又在一場意外大火中付之一炬。

後來，他才發現保險經紀人欺騙他，根本沒有把他支付的保險費支票交給保險公司，所以這場火災等於沒有保險。更慘的是，可以證明公司存貨內容和價值的一位重要證人，卻正好在這個時候去世了。

接二連三的打擊實在讓安東尼受夠了，他決定到別的裁縫店工作。但是，過了沒多久，他渴望擁有自己事業的慾望又開始蠢蠢欲動了起來。

於是，他再度鼓起勇氣，開了一家裁縫兼禮服出租店。

這一次，他決定多採納別人的意見，但在大方向上依然堅持自己做決定。因爲，他始終相信：如果因此跌倒了，是他讓自己跌倒的，如果他站了起來，那也是靠自己站起來的。

因爲安東尼堅持著這個信念，不久之後，他的「法蘭克禮服出租店」終於成爲底特律的知名店舖。

因爲害怕跌倒，很多人不敢騎腳踏車、不敢溜冰、不敢玩直排輪……因爲害怕，所以喪失了許多樂趣。

在人生中也是如此，大部分人因爲不想嚐到失敗的滋味，所以一輩子怯怯懦懦，不敢輕易嘗試新事物、新方法，並且還因此沾沾自喜，殊不知這才是最大的失敗！

跌倒的目的，就是爲了讓你在爬起來的時候，能看到更美好的東西！

所以，我們何必害怕跌倒？

應該怕的，是連嘗試都不敢嘗試，便在恐懼中失去機會，因爲，失去了嘗試的勇氣，也就等於自願放棄了成功的機會。

11.

面對誠實的人，就用誠實的方法

人與人之間的相處，可以是君子之爭，
不必奉承阿諛，更不必費心猜疑，
才不會有相互拉扯的兩敗俱傷。

喜歡模仿，小心貽笑大方

每個人都有每個人適合的風格，最要緊的就是找到你的特色，並好好發揮，可別認不清自己的斤兩。

活在這個高度競爭的年代，做人一定要聰明，做事一定要精明。別以爲「有樣學樣」就是成功的保證。

了解自己，明白自己的長短處，建立自己特有的風格，才能展現己的特色，這是怎麼學也學不來的。

一位年輕牧師向老牧師請教：「每次輪到我講道時，大家總是睡著，不然就是沒辦法專心聽講，到底要怎樣才能吸引教友的注意力？」

老牧師回答：「這倒不難，有個小笑話很有用。你可以說，我一生中最幸福的時光是在一個女人的懷裡度過的。」

年輕牧師聞言，吃驚地看著老牧師。老牧師得意地說：「這樣效果不錯吧？這時大家應該已經從夢境中醒來啦！然後你就可以說，她就是我的母親。」

年輕牧師覺得這招不錯，感謝了老牧師之後就離開了。

在一次禮拜中，他見台下的教友似乎又快要集體靈魂出竅，於是決定暫停講道，並且向人們說：「各位，你們知道嗎？我一生中最幸福的時光是在一個女人的懷裡度過的。」

果不其然，大家都紛紛吃驚地望著他。正當他感到得意，打算繼續說下去時，卻猛然發現自己居然忘詞了！於是，他只好吞吞吐吐，老實地告訴大家：「可是……唉呀，我現在卻記不起她是誰了！」

這位年輕牧師顯然不是那種信手捻來都是妙語如珠、風趣幽默的類型，跟老牧師學了這招皮毛，竟然連用都用不好，徒惹大家笑話。

如果覺得自己可以，方法值得一試，那麼按照別人的樣子依樣畫葫蘆倒也不是不行，重要的是，別只知道複製成功者的「外在」，要盡可能地連精髓都學起來。

當然，每個人都有每個人適合的風格，最要緊的就是找到你的特色，並好好發揮。

不是猛龍不過江，如果天生不是當西施的料，就不要總是模仿人家的一顰一笑。就像選舉，有人選前一跪，可以說是驚天地而泣鬼神的壯舉，但是後來的人再跪，不但跪掉了尊嚴，連票也一併跪掉了。

可別認不清自己的斤兩，看別人怎麼做怎麼順，就硬是要照著做，卻又不懂得好好做、好好準備，只學到他人的皮毛。最後弄得自己累了半天，不只沒有成效，還反倒貽笑大方！

用機智把危機化轉機

碰到事情時，許多人都只會退縮或哭泣，只是再多的眼淚也沖不走麻煩，何不在遇上的當下，立刻沉著應變，將事情解決呢？

無論多麼不願意，生活處處都有小人和壞人，都會有我們意想不到的危機，以及麻煩的事情發生。

面對這種情況，唯有隨機應變，不管遇到任何突發狀況時都能臨危不亂，你才能化險為夷，讓每一個危機都能轉化成轉機。

有一天深夜，卓別林帶了一大筆現金，正開著車要趕回鄉村別墅的途中，沒想到竟然遇到了一個強盜。

他持著手槍，要求卓別林把錢全部交出來，卓別林這時一邊準備遞錢，一邊說道：「朋友，請你幫個忙吧，把我的帽子打穿幾個洞，這樣我回去之後才能向主人交代呀！」

這強盜便朝卓別林的帽子打了幾槍，卓別林又對他說：「還有我的衣襟上，也來幾槍吧！」

強盜拉起卓別林的衣襟，再開了幾槍。

最後，卓別林又央求強盜說：「如果你能在我的褲子上也打幾槍，那就更逼真了。」

強盜不耐煩了，嘴裡生氣地咒罵了起來，但還是把槍對準了卓別林的褲子，可是，他扣了好幾次扳機，卻連一發子彈都射不出來。

這時，卓別林知道槍裡已經沒有子彈了，於是立刻把錢包搶了過來，跳上車趕快逃跑，這個笨強盜這才知道自己上當了。

想要在人生戰場獲勝，就要把心機用在最恰當的時機。如果對方貪圖眼前利益，那就用利益引誘他；如果對方實力堅強，那就要加倍防範他；如果對方勢力十分強大，那就要設法避開他。

強盜的目的只是爲了錢，而卓別林之所以乖乖把錢交給強盜，則是害怕強盜會開槍射殺他。

但是，聰明的卓別林隨即想到，如果能把強盜手槍裡的子彈全耗盡的話，他就不用再擔心了，因而想出了這招誘導強盜用光子彈的妙計，安全逃脫。

機智，是這篇小故事所要表現的重點，碰到事情時，許多人都只會退縮或哭泣，只是再多的眼淚也沖不走麻煩，退了再多步，最後你仍得前進面對，所以，何不在遇上的當下，立刻沉著應變，將事情解決呢？

面對誠實的人，就用誠實的方法

人與人之間的相處，可以是君子之爭，不必奉承阿諛，更不必費心猜疑，才不會有相互拉扯的兩敗俱傷。

人常常用自己的角度衡量事物，因此犯下許多原本可以避免的錯誤。法國思想家拉羅什富科提醒我們：「各種人和事都有自己的觀察點，有的需要抵近去看，做出正確的判斷，有的則只有從遠處看，才能判斷得最好。」

人與人之間的應對模式，經常必須因人而異，面對誠實的人就用誠實的方法，面對狡詐的人就用迂迴側擊的方法。千萬不要用錯方式，否則就很難達到功效。

美國南北戰爭打得如火如荼期間，有一天，一位女孩來到總部找林肯總統，想要求他開具一張去南方的通行證，林肯不解地問她：「現在南北方正在打仗，妳這時去南方做什麼呢？」

這女孩回答說：「回去探親。」

林肯一聽高興地說：「那妳一定是支持北派囉！請勸勸妳的親友們，希望他們能放下武器，歸降聯邦政府。」

誰知道情況與林肯想像的完全不同。「不！我是個支持南方的，而我要回去鼓勵他們堅持到底，絕不後退。」女孩很坦率地回答。

林肯聽了很不高興，反問她：「那麼妳來找我幹嘛呢？妳眞的以爲我會給妳開通行證嗎？」

女孩沉著地說：「總統先生，在學校讀書時，老師都會跟我們說林肯的誠實故事。從那時候開始，我便下決心要學習林肯，永遠做一個誠實的人，一輩子都不說謊。因此，我不打算爲了一張通行證，而改變自己要誠實的習慣。」

女孩的話感動了林肯：「好，我就給妳一張通行證。」

說完，林肯在一張卡片上寫了這樣一行字：「請讓這女孩通行，因爲她是一位信得過的人。」

對付小人，必須用小人的方法；對付君子，當然得用君子的方式。

在人生的旅程中，如果不懂得做人做事的方法，就如同欠缺智慧的傻瓜，做出搞錯對象、使錯方法的傻事也就不足爲奇了。

故事中，我們讀到了小女孩的勇氣和誠實，更看見林肯的氣度與包容，兩個人都是能人所不能，也都有所爲而爲。

女孩有求於人，卻不願違背自己的意志，寧可誠實說出自己的目的，這是因爲她明白林肯的爲人，所以能對症下藥，一方見效。

人與人之間的相處應當如此，可以是君子之爭，不必奉承阿諛，更不必費心猜疑，才不會有相互拉扯的兩敗俱傷。

放棄之前，再給自己一次機會

挫折與艱困，常常會讓人受不了身心的折磨而萌生放棄的念頭，只是，回想前路的辛苦，都付出那麼多了，就這麼放棄了，不是很可惜嗎？

透過觀察比較，我們可以知道，強者與弱者只有一線之隔，強者高明的地方在於永不放棄，能夠堅定不移按照自己既定的人生目標前進。

至於弱者則平時展現出一副自己很厲害、很英勇的模樣，但是遇到失敗挫折就怨天尤人，最後氣餒地放棄。

其實，只要有了奮戰到底的堅強意念，竭盡全力、用心做到最好，你也一定會和科幻小說大師凡爾納一樣，受到成功之神的眷顧。

法國著名的科幻小說家凡爾納，將他的第一部科幻小說《氣球上的五星期》的手稿，先後寄給十五家出版社後，很快地，也先後收到了十五家出版社的退稿。

當時的凡爾納絕望地想：「這些出版商看不起像我這樣的無名作者，我再也不寫什麼科幻小說了！」

一氣之下，他走到壁爐邊，準備把書稿都燒了。

「不能燒呀！」妻子把手稿搶了過去，說：「凡爾納，別灰心，再試一次啊！也許機會和運氣就要來了呢！」

凡爾納聽了妻子的勸告，於是帶著稿子，毅然地來到第十六家出版社。

這家出版社的經理赫哲爾是個頗具獨到眼光的人，讀完凡爾納的原稿後，發現他的作品有一種與眾不同的獨特魅力，更斷定他是個很有才華的年輕作家，一定會在文壇大放異彩。於是，他決定立即出版此書，還與凡爾納簽訂了長達二十年的合約。

果然不出赫哲爾所料，《氣球上的五星期》出版後，受到廣大讀者的歡迎，凡爾納的科幻小說從此也風行全球。

從三十五歲寫了第一本科幻小說開始，直到七十七歲逝世為止，整整四十二年，凡爾納手上的筆從未停頓過。

很多時候，阻礙我們成功的「小人」並不是別人，恰恰是我們自己，只要戰勝自己，誰都能握住成功的契機。

因為妻子的支持，鼓勵凡爾納「再試一次」，所以才能讓凡爾納抓住這第十六次的機會，並且登上科幻小說大師的崇隆地位。

挫折與艱困，常常會讓人受不了身心的折磨而萌生放棄的念頭，只是，當你細細回想前路的辛苦，都付出那麼多了，就這麼放棄了，不是很可惜嗎？

這個時候，不如換個角度想吧！

與其日後抱怨，付出那麼多卻沒有得到回饋，不如繼續堅持下去，再給自己一次機會。

用心經營自己的人生

生命的價值，是在人與人之間的互動中建立，不管是待人還是對自己，都需要花費心思經營。

英國思想家柯立芝曾說：「人如果不能飛昇成為天使，那麼，毫無疑問的，他將墮落成為魔鬼。」

當不成天使，也不用淪落爲魔鬼；可以當好人，又何必當小人？無論眼前的際遇是好是壞，都不要讓自己墮落成讓人厭惡的人。

不要否定自己，也不要總是抱著同情的眼光看待不幸的人，人與人之間因爲有互動和激勵，才會有不斷進步的人生。

有個缺了一條腿的乞丐，經常坐在一家銀行的門口乞討，這家的銀行主管經過時都會朝乞丐的杯子裡投一個硬幣。

但是，和別人不同的地方是，他一定都會同時拿走乞丐身旁的一枝鉛筆。

有一天，他對乞丐說：「你或許會覺得奇怪，爲什麼我非得拿你的鉛筆不可？我告訴你吧！因爲我是一個商人，既然花了錢，就得拿回一件貨眞價實的東西。你要記住，我不是在施捨你，而是在和你做買賣。」

不久之後，門口那個蜷縮的乞丐不見了，慢慢地銀行家也把他給忘了。

直到有一天，他走進一家大型文具店，赫然看見那個流浪漢，竟衣著光鮮地坐在櫃台後面工作。

「我一直期盼，有一天您能到這兒來光顧！」這位店主相當開心地對銀行家說：「今天，我能夠在這兒工作，都是您的功勞。自從聽您說了交易的道理之後，我告訴自己，再也不要成爲依靠別人施捨的乞丐，同時開始做起鉛筆生意，而且越做越有心得。這是您給我的鼓勵，更給了我生存的自尊，徹底地改變了我的人生。」

在這個物慾橫流的社會，許多人只顧著追逐眼前的虛榮，喪失了高貴的情操、崇高的理想和豐富的觀點，變得庸俗、粗鄙、媚俗。

從這個小故事中，我們看見了這位銀行家對別人的尊重，他的小動作看似平淡無奇，但是其中意義卻是非常深刻。

生命的價值，是在人與人之間的互動中建立，不管是待人還是對自己，都需要花費心思經營。

故事中這位銀行家和乞丐之間的互動便是如此，一個給了別人肯定的尊重，一個懂得肯定自我價值，才能有創造乞丐變老闆的奇蹟。

信守承諾才能贏得敬重

牢牢記住一件小事，無形之中為自己成就了一件非凡的大事，這就是一諾千金的重要！

信口開河是小人最常見的面貌，恭維與承諾則是他們最常使用的武器，言而無信則是他們一貫的行徑。

因爲，虛情假意最能模糊別人的視聽，也最能掩飾自己的卑劣的動機，而背信忘義則是爲了保住自己的既得利益。

千萬不要成爲信口開河的小人，因爲不管在工作場合或日常生活中，週遭的人莫不觀察著你的信用。因此，不要以爲一兩次失信或黃牛對自己影響不大，殊不知，這正是你能不能贏得人心的重要關鍵。

一九四二年八月，巴頓被任命爲進攻北非的美軍部隊指揮官。

在與同盟軍將領商討作戰計劃時，巴頓費盡了唇舌建議，由於爭論激烈，習慣抽煙的巴頓，自然是一支接一支不停地抽。

很快地，他把自己帶來的煙全抽光了，沒有煙就沒有靈感和精力的他，不得不向在一起工作的海軍助理布徹中校借煙。

起初，布徹很客氣地送了幾支煙給巴頓，可是巴頓的煙癮實在太大了，一下子就把布徹珍藏的大哈瓦那雪茄全部抽光了。

臨別時，巴頓懷著感激之情，對布徹說：「謝謝你的雪茄，我回到華盛頓後，會立刻送還給你的。」

布徹聽了只是笑一笑，認爲巴頓只是隨口說說而已，根本沒把它放在心上。

然而，就在半個月之後，布徹竟然收到巴頓寄來的一大批雪茄。原來，巴頓一回到美國，就立即訂購了一大批雪茄，並叮囑要立即寄送給布徹中校。

布徹收到煙後，內心十分感動，他根本沒有想到，巴頓在百忙之中，居然還會記得這件事。事後，布徹特意對艾森豪將軍報告說：「巴頓是個可以信賴的人。」

不少人汲汲營營地透過各種手段，想替自己增加物質財富，卻不懂得透過精神財富去創造更多財富，於是世間就有成功與失敗、非凡與平庸的差距。

人生最重要的精神財富是什麼？

答案就是信譽！

在我們的生活週遭，之所以會有那麼多不守信諾的小人，原因就在於他們渴望獲得某些利益，或是恐懼失去某些賴以維生的屏障，因此才會不擇手段地想要透過說謊的方式欺騙別人或是討好別人。

但是，這些欠缺信用的小人忘了，現實生活中吃了一次暗虧，上當過一次之後，人就會變得謹慎，小心翼翼地提防這些唬人弄人的伎倆，不會輕易聽信這些言不由衷的話語。

當然，有時候，我們會因為忙碌、遺忘或覺得答應的是不重要的小事，沒能兌現自己的承諾，但是經常忽略這些小事，久而久之，在別人的評斷標準中，我們就成了沒有信用的人。

巴頓將軍牢牢記住一件小事，無形之中爲自己成就了一件非凡的大事，這就是一諾千金的重要！

故事裡的巴頓，能記住對朋友的一個小承諾，所以只要是他允諾的事，大部份人也都會相信他都能遵守，這說明了一個能言而有信的人，必定能得到別人的信賴與尊重。

千萬要記住，信用就是人際關係的通行證。

理由充分就能說服別人

人與人之間的交流，很多時候說的都是「是什麼」，如果你能恰如其分地表達出「為什麼」，就會給人耳目一新的感覺，別人也會更願意聽取你的建議。

凡事在執行之前都需要理由，理由是否充分，將直接關係到事情的結果。所以，當你準備做某件事或者說服他人的時候，一定要事先考慮周全，以免把事情搞得一團糟。

充足的理由會讓你的想法順利過關。

大陸電影〈周恩來〉中，鄧穎超的扮演者是從未上過鏡頭的湖南畫家鄭小娟，儘管她初次登上大銀幕，但是塑造出來的人物形象光彩照人，留給觀眾十分深刻的印象。

但是，一開始時她其實並不願意參加演出，而是經過丈夫用充足的理由說服之後才接了戲，最後還取得了不錯的效果。

在一次偶然的機會，鄭小娟被導演看中了。當導演邀她拍片時，她以身體不好爲理由一口謝絕，而且拒絕得斬釘截鐵，沒有商量的餘地。

後來，影片籌備工作就緒，眼看就要開拍了，但「鄧穎超」卻仍然找不到合適的人選，導演非常著急，無奈之下，只好再次親自登門拜訪鄭小娟。

這天恰好鄭小娟的丈夫姜先生一個人在家，聽了導演的來意，一口幫鄭小娟答應出演鄧穎超一角。鄭小娟回到家之後，瞭解了事情的經過，十分不高興，不住地埋怨丈夫，不經她的同意便自作主張。

姜先生笑著說：「我代妳答應演出鄧穎超是經過充分考慮的，雖然妳從來沒有拍過戲，但藝術的規律是相通的，妳不用爲了不懂表演藝術而擔心，只要用心去學就不會有困難。其次，這對妳的事業很有幫助，妳想在美術方面有所發展，也應該從表演藝術中汲取養分。此外，趁著拍電影。妳可以和更多藝術界的人接觸，拓展社交領域。」

丈夫充足的理由和曉之以理、動之以情的一席話終於打動了她的心，於是她拋棄了顧慮，鼓起勇氣，欣然走進《周恩來》劇組，並且一舉成名。

姜先生勸鄭小娟參加演出之時，並沒有用長篇大論的艱澀道理，只是用簡單充分的理由，就輕鬆地說服成功。

由此可見，在說服人的時候，無論多麼口才便給，都要以恰當充分的理由作爲支柱。

人與人之間的交涉或交流，很多時候說的都是「是什麼」，如果你能以充分的理由，恰如其分地表達出「爲什麼」，就會給人耳目一新的感覺，別人也會更願意聽取你的建議。

12.

該説謊的時候，還是得說

雖然說謊不是好事，
但是偶爾一兩句善意的謊言，
會帶來令人意想不到的驚喜效果。

該說謊的時候，還是得說

雖然說謊不是好事，但是偶爾一兩句善意的謊言，會帶來令人意想不到的驚喜效果。

說謊，連三歲小孩子都知道這是一種壞習慣。可是，在大人的世界裡，總是自以爲誠實地直來直往，有時候反而會吃大虧，正因此，某些善意的謊言是有必要存在的。

不過，必須注意的是，善意的謊言最忌諱的就是過於誇張，而且要配合適當的時機和場合。

這樣一來，才能讓謊言發揮出最大的效果。

在一次盛大豪華的舞會上，甲對舞會的主人——一位徐娘半老，但風韻猶存的女士說：「看到您，不禁使我想起您年輕的時候。」

女士微笑的問：「我年輕的時候怎麼樣？」

「很漂亮。」甲回答。

「難道我現在不漂亮嗎？」女士開玩笑地問。

沒想到甲竟然非常認真地回答：「是的，比起年輕時候的您，您現在的皮膚不但鬆弛，缺少光澤，甚至還有不少皺紋。」

這位女士聽完甲的回答，臉上一陣白一陣紅，十分尷尬地瞪著甲，剛才的自信完全消失了。就在這個時候，乙適時出現在這位女士的面前，彬彬有禮的伸出手，對她說道：「不知道我有沒有這個榮幸，邀請這個舞會上最漂亮的女士一起跳舞呢？」

女士的眼睛頓時亮了起來，接受了邀請，兩個人在舞池裡跳了首舞曲。這位女士像突然變了個人般，全身散發著迷人的魅力，就像個漂亮的年輕女孩！

舞會過了沒幾天，甲和乙同時收到一封訃文，那位女士突然死了。

產留給乙。

不過，乙比甲還多收到了一封遺囑，這位女士在遺囑中註明，將自己所有的財產留給乙。

很多人都會因爲自己口是心非而感到懊惱，其實，往好的方面想，口是心非並沒什麼大不了的。

因爲，絕大多數時候，我們並不是存心欺騙別人，也不是打從心裡想藉由討好別人來達成自己的目的。只不過是爲了減少一些不必要的麻煩，或者化解某些尷尬，才不得不說出那些「善意的謊言」。

有一句西洋諺語：「一滴蜂蜜能比膽汁招來更多的蒼蠅」，說明了甜言蜜語比毫不留情的實話更能夠吸引別人。

雖然說謊不是好事，而且謊言一旦被拆穿，下場往往比說實話還慘；但是偶爾一兩句善意的謊言，會帶來令人意想不到的驚喜效果。

不要讓自己的創意不切實際

創意一開始都是天馬行空的，需要靠行動一步步地修正，否則，再多的想法，也不過是徒然浪費自己的想像力罷了。

每個人都想成功致富，但是當夢想陷入膠著狀態，你能不能運用自己的聰明才智，讓它朝自己希望的方向發展？所謂的聰明才智，就是發現不同事物之間的相似之處，以及發現相似事物之間的差異，對於激發創意有著無窮妙用。

《富爸爸，窮爸爸》裡有一則有趣的故事。

羅伯特和麥克才九歲的時候，就想靠自己的力量賺取零用錢。但是，他們的年紀太小了，找不到適合的工作，於是兩人想了很久，終於想出了一個他們認爲「最好」的賺錢方法。

接下來幾個星期，羅伯特和麥克跑遍了整個小鎮，到處去要別人用完的牙膏皮。每個人都很願意給他們這種沒用的東西，可是每當問有什麼用途時，他們總是回答：「這是商業秘密」。

等到他們攢足了牙膏皮時，就開始把這些牙膏皮「變」成錢。兩個九歲的男孩在車庫合力「安裝」了一條生產線，完成之後還要求羅伯特的爸爸來參觀。原來，當時的牙膏皮還不是塑膠製，而是鉛製的，所以把牙膏皮上的塗料熔掉之後，鉛皮就會因爲高溫變成液體，然後羅伯特和麥克再小心地把鉛液灌入裝有石灰的牛奶盒裡。

看到這種情形，羅伯特的爸爸好奇地問：「你們在做什麼？」

羅伯特興奮地說：「我們正在『做』錢，我們就要變成富翁了！」

麥克也笑著說：「我們是合夥人。」

羅伯特用一個小鎚子敲開牛奶盒，並且對他爸爸說：「你看，這是已經做好的錢。」說著，一個鉛製的五分硬幣就這麼掉了出來。

羅伯特的爸爸這才明白：「原來你們在用鉛鑄硬幣啊！」

麥克說：「對啊，這是我們想到的賺錢方法。」

羅伯特的爸爸笑著搖搖頭，並且向他們說明爲什麼這個方法是犯法的行爲，根本行不通。兩個孩子聽完了，頓時覺得非常失望，羅伯特很沮喪地對麥克說：「我們當不成富翁了。」

羅伯特的爸爸聽完，對他們說：「孩子，一件事情的成敗並不重要，重要的是你們曾經嘗試過。你們比大多數只會空談的人還要厲害得多，我爲你們感到驕傲。」

創意如果沒有眞正付諸行動，就不可能稱爲創意，只能稱爲一種腦海中的「想法」而已。而且，創意一開始都是天馬行空的，需要靠行動一步步地加以修正，否則，再多不切實際的想法，也不過是徒然浪費自己的想像力罷了。

因此，當身邊的「壞人」嘲笑你的創意是異想天開的幻想時，先別急著鬧脾氣，也不用和對方爭得面紅耳赤，而是試著付諸行動，然後一步步加以修正。

如此一來，你的創意就有可能成爲通往成功的捷徑。

越懂得把握，收穫越多

得到一樣東西之後，往往又會想要更多，慾望無窮，但是得到的卻沒有更多，反而把原本握在手上的，拱手讓給了別人。

不論是爲人處世或是投資理財，都應該謹守中庸之道，適可而止，才能讓自己處於不敗之地。否則，到最後就會淪爲「一無所有」的失敗者。

有一對新婚夫妻到拉斯維加斯度蜜月，不到三天時間，新郎就已經輸掉了一千美元。這天，新郎又輸了，非常懊惱地回到房間。這時候，新郎看到梳妝台上有個閃亮亮的東西，好奇地上前一看，原來是他的妻子爲了當紀念而留下的五塊錢籌碼，而籌碼上的號碼「十七」正在閃閃發光。

新郎覺得這是個好兆頭，於是興高采烈地拿著這個五塊錢籌碼跑到樓下的輪盤賭台，準備用這個五塊錢籌碼押在「十七」號！

不知道是哪裡來的好運，輪盤的小球居然正好落在「十七」這個數字上！新郎就這樣贏了一百七十五塊美元。

新郎高興得不得了，把贏來的錢繼續押在「十七」號上，結果居然又中了！新郎的好手氣就這樣一直持續著，最後他竟然贏了七百五十萬美元！

這時的他已經是欲罷不能了，賭場的經理終於出面了，對新郎說，如果他再繼續賭下去的話，賭場可能沒有辦法再賠他錢了。

這個新郎想乘勝追擊，於是立即叫了部計程車，直奔市區另一家財力更雄厚的賭場。他樂昏了頭，把贏來的七百五十萬全部孤注一擲地押在「十七」號上，結果輪盤的小球方向一偏，最後停在「十八」號上。

就這樣，他一輩子都賺不到的天大財富，轉眼間便輸得一乾二淨了。最後，他身上一毛錢都沒有，只好垂頭喪氣地走回旅館。

他一進房間，妻子就問他：「你到哪裡去了？」

「我去賭輪盤。」他說。

「手氣怎麼樣？」妻子好奇地問。

「還好，我只輸了五塊錢。」

其實，這位新郎原本可以成爲七百五十萬美元的主人，但是他的貪心，卻讓他成了「只輸了五塊錢」的過路財神。

我們或許都曾有這樣絕佳的機會，只是我們有沒有好好把握而已。

得到一樣東西之後，往往又會想要更多，人的慾望無窮，但是得到的卻沒有更多，反而把原本握在手上的，拱手讓給了別人。如果你已經掌握了些什麼，請你好好把握，或許從這些資源中，你反而能得到更多意想不到的收穫！

建立蘇維埃政權的列寧曾說：「為了能夠分析和考察各種狀況，應該在肩膀上長著自己的腦袋。」

當你面臨選擇的時候，應該要有屬於自己的獨立思考方式，方能做出最有利於自己的判斷和抉擇。

鋪一條沒有坑洞的康莊大道

不要吝惜在別人需要的時候伸出援手，因為在你伸出援手的同時，也等於為你的人際關係鋪好了一條康莊大道。

任何人在遭遇困難時，都希望能有一個堅強的靠山伸出援手。所以，當你爲了自己的人際關係不佳而懊惱時，千萬記得，成爲別人的援手，也是建立良好人際關係的手段。

英國可說是社會福利工作做得最完善的國家之一，但也因爲社會福利的完善，造成英國財政上的許多問題。

所以，在一九七九年，素有「鐵娘子」之稱的柴契爾夫人開始擔任英國首相之時，便致力於改革英國的稅賦制度。

她的改革包含了經濟、社會、醫療、社會保障和教育。雖然在改革的過程中產生不少「太過分」的埋怨聲浪，但確實也讓英國日趨嚴重的財政赤字問題逐漸好轉。

柴契爾夫人就任之後，爲了樹立改革的榜樣，每天早上六點起床，辦理公務一直到深夜才休息。她這種兢兢業業、以身作則的精神，不僅獲得英國國民一致的支持，對她的改革措施、堅毅信念和卓越的領導能力，絕大多數民衆也感到相當佩服以及肯定。

人與人之間的互動是相當微妙的，往往左右著一個人的成敗，凡事針鋒相對無疑是最糟糕的處世模式。

唯有懂得借力使力，把那些反對、批評自己的「壞人」變成另類的貴人，才算是眞正成功的人。

不只是國家的元首需要支持，一般人也不能缺乏朋友的支持。因爲，支持代表了別人的看法和評價，一個缺乏朋友支持的人，不要說成功了，就連與人相處都會很辛苦。所以，不要吝惜在別人需要的時候伸出援手，因爲在你伸出援手的同時，也等於爲你的人際關係鋪好了一條沒有坑洞的康莊大道。

此外，千萬不要用情緒解決問題，聰明的人必須根據不同的情勢，採取相應的作戰方針，不管伸縮、進退，都應該進行客觀的評估，如此才能獲得勝利。可別因爲一時沉不住氣，導致自己一敗塗地。

要追求理想，也要兼顧現實

與其找一個完美的情人，還不如尋找一個能夠包容自己缺點的情人，只要能夠互相包容、配合，那麼是不是完美，又有什麼重要呢？

眞正聰明的人知道每個人都有個性上的缺點，也有著視野上的盲點，因此不會苦苦追求所謂的完美。

理想和現實總是有差距的，理想不管有多完美，一旦碰到了現實生活，再完美的理想也必須適度地妥協，否則，到最後便會坐失良機。

有一個老人，身上背著一個破舊不堪的包袱，臉上佈滿了歲月的痕跡，腳下的鞋子因爲長途跋涉而破了好幾個洞。這個老人的外表雖然很狼狽，但眼睛卻是炯炯有神，總是仔細而且專注地觀察著來往的行人。

這樣的一個老人立刻引起當地人的好奇，有個年輕人終於忍不住地問老人說：「請問，您是在尋找些什麼嗎？」

老人嘆了口氣，緩緩地回答道：「我從你這個年紀開始，就發誓要找到一個完美的女人，然後娶她爲妻。於是，我從自己的家鄉開始尋找，經過一個又一個城市，可是一直到現在，都還沒有找到一個完美的女人。」

「找了那麼多年，難道還找不到完美的女人嗎？會不會這個世界上根本就沒有完美的女人存在呢？」年輕人聽完老人的敘述後，認眞地問道。

老人斬釘截鐵地回答說：「這個世界上眞的有完美的女人存在！我在三十年前就曾經找到過。」

「那麼，您爲什麼不娶她爲妻呢？」年輕人繼續問。

老人嘆了口氣，悲傷地回答：「當時，我立刻就向她求婚了，但是她卻不肯嫁給我。」

「爲什麼呢？」

「因爲，她也在尋找這個世界上最完美的男人！」

大文豪莎士比亞曾經在著作裡這麼寫道：「同樣價值的東西，往往因為人的主觀意識，而分別高下。」

同樣的，價值也會隨著時空環境的改變而改變。因此，追求人生目標的時候，應當充滿信心和希望，但千萬不要好高騖遠。

人固然要追求理想，但是也要兼顧現實，才不會一廂情願。

十全十美的人只會出現在小說或電視裡，而不會存在於眞實的生活中。因此，與其找一個完美的情人，還不如尋找一個能夠包容自己缺點的情人，只要能夠互相包容、配合，那麼是不是完美，又有什麼重要呢？

不論待人或處事也是如此，太過堅持完美，只會讓自己變成自以爲是的大傻瓜。

限制，都是自己造成的

也許本來很簡單的事，都因為先在心中設置了障礙，才會讓事情越來越複雜，也限制了自己的發展。

人們總是習慣用外表或是既定的印象來評斷事物。就像想到「夏天」，就會聯想到炎熱，想到「複雜」，便會想到「困難」，這些都是我們自己訂下的標準或印象。

因此，在眞正嘗試之前，何不把自己放空，用單純客觀的角度加以判斷呢？說不定，許多的「麻煩事」，在這種「無預設」的心態下，便可以輕輕鬆鬆地解決了。

魔術大師胡迪尼最令人津津樂道的表演，就是他能在很短的時間內打開非常複雜的鎖，而且從來沒有失手過。

他為自己訂下一個目標：六十分鐘之內，一定要從任何鎖中掙脫出來。不過，條件是必須讓他穿著自己特製的衣服進去，而且絕對不能有任何人在旁邊觀看。

有一個英國小鎮的居民，決定向胡迪尼挑戰。他們製造了一個特別堅固的鐵牢，還配上一把非常複雜的鎖，然後請胡迪尼來接受考驗，看看他能不能順利地從這個鐵牢中脫身。

胡迪尼接受了這個挑戰。他穿上了特製的衣服走進鐵牢，所有的居民都遵守規定，不去看他如何開鎖。

胡迪尼從衣服裡拿出工具開鎖，但是，時間一分一秒地過去了，卻打不開鐵牢，頭上開始冒汗。

終於，一個小時過去了，胡迪尼還是聽不到期待中鎖簧彈開的聲音，精疲力盡地靠著門坐下來，結果牢門竟然順勢而開。原來，這個牢門根本沒有上鎖！那把看似複雜的鎖原來只是個模型，而一向有「逃生專家」美譽的胡迪尼，竟然被一把根本沒有「鎖」的鎖弄得動彈不得。

莎士比亞曾經寫道：「聰明人變成了癡愚，是一條最容易上鉤的游魚，因為他憑恃才高學廣，看不見自己的狂妄。」

許多的限制或障礙，其實都是自己造成的。因爲，遇到事情時，我們首先想的不是該怎麼面對，而是如何才能繞過；當問題發生時，直覺反應一定是先找藉口，而不是如何解決，等到眞的逼不得已的時候，才會動腦筋思考解決的方法。

所以，也許本來很簡單的事，都因爲先在心中設置了障礙，才會讓事情越來越複雜，也限制了自己的發展。

有計劃，才能因應變化

計劃是實現夢想的第一步，有了計劃，我們才能開始完成夢想的步驟，並且節省更多時間，減少走向冤枉路的機會。

我們常會說：「計劃永遠趕不上變化」，但是很多人誤解了這句話的意思，動不動就將這句話拿來爲自己的沒有計劃做辯護。

其實，這句話只是爲了告訴我們變通的重要性，而不是要我們無所事事或完全放棄「計劃」。

一九八四年，東京國際馬拉松邀請賽中，原本名不見經傳的日本選手山田本一，在衆人的意料之外奪得了世界冠軍。當記者問他是如何自我鍛鍊時，他只說了一句話：「我是用智慧戰勝對手的。」

當時很多人都認為山田本一很臭屁，是在故弄玄虛，畢竟馬拉松是憑藉體力和耐力的運動，爆發力和速度都還在其次，只要選手的身體素質好、耐力夠，就有成為冠軍的希望。所以，智慧對馬拉松來說會有什麼幫助？這個說法實在有些勉強。

兩年後，義大利國際馬拉松邀請賽在義大利的北部城市米蘭舉行。山田本一代表日本參加比賽，並且再度獲得了世界冠軍。

面對山田本一時，記者們再度問到了獲勝的關鍵。

性情木訥的山田本一原來就不善言辭，所以這次的回答還是和上次一樣：「用智慧戰勝對手」。不過，這次記者們並沒有在報紙上挖苦他，只是仍然對他所謂智慧的說法還是一頭霧水。

十年後，山田本一在自傳中，明白地解釋他的「智慧」：

「每次比賽前，我都會先把比賽的路線仔細地看一遍，並且把沿途比較醒目的標誌記下來。比如第一個標誌是銀行，第二個標誌是一棵大樹，第三個標誌是一座紅房子……等等，就這樣一直記到賽程的終點。

等到眞正比賽時，我會奮力地向第一個目標衝刺，等到達第一個目標後，再用同樣的速度跑向第二個目標。這樣一來，不管多遠的賽程，只要分解成幾個小目標，我就可以輕鬆地跑完全程了。剛開始時我不明白這個道理，只會把目標定在終點線，結果跑不到十幾公里便疲憊不堪，被前面遙遠的路程給嚇到了。」

計劃是實現夢想的第一步，有了計劃，才能開始完成夢想的步驟。所以，我們不應該將計劃視爲一種束縛，而是把計劃當成一種規範，再跟著環境的變動逐步的調整與修正。如此一來，成功的機率絕對比跟無頭蒼蠅一樣到處碰壁還要大得多，而且更能避免許多無謂的冤枉路。

法國大文豪福樓拜在談論人生時曾經說過：「堅強，求助於你的意志力，而不要求助於天神。因為，天神從來不理會人們的求救呼聲。」

想在險惡的人性叢林中求生存也需要計劃，聰明的人考慮問題、制定謀略的時候，一定要兼顧利與害。既要充分考慮到有利的方面，同時也要考慮到不利的一面，保持清醒的頭腦，才不會衍生不必要的後遺症。

Thick Black Theory is a philosophical treatise written by Li Zongwu, a disgruntled politician and scholar born at the end of Qing dynasty. It was published in China in 1911, the year of the Xinhai revolution, when the Qing dynasty was overthrown.

The Art of War

The Art of War

孫子兵法

活用兵法智慧，才能為自己創造更多機會

完全使用手冊

不動如山

《孫子兵法》強調：

「古之所謂善戰者，勝於易勝者也；
故善戰者之勝也，無智名，無勇功。」

確實如此，善於作戰的人，總是能夠運用計謀，
抓住敵人的弱點發動攻勢，用不著大費周章就可輕而易舉取勝。
活在競爭激烈的現實社會，唯有靈活運用智慧，
才能為自己創造更多機會，想在各種戰場上克敵制勝，
《孫子兵法》絕對是你必須熟讀的人生智慧寶典。

聰明人必須根據不同的情勢，採取相應的對戰謀略，
不管伸縮、進退，都應該進行客觀的評估，如此才能獲得勝利。
千萬不要錯估形勢，讓自己一敗塗地。

Thick Black Theory is a philosophical treatise written by Li Zongwu, a disgruntled politician and scholar born at the end of Qing dynasty. It was published in China in 1911, the year of the Xinhai revolution, when the Qing dynasty was overthrown.

左逢源

普天之下 • 盡是好書

普天 出版家族 Popular Press Family

http://www.popu.com.tw

智在人生

07

你一定要學的人性厚黑學

作　　者　公孫龍策
社　　長　陳維都
藝術總監　黃聖文
編輯總監　王郡凌
出 版 者　普天出版家族有限公司
新北市汐止區忠二街 6 巷 15 號
TEL / (02) 26435033 (代表號)
FAX / (02) 26486465
E-mail：asia.books@msa.hinet.net
http://www.popu.com.tw/
郵政劃撥 19091443 陳維都帳戶
總 經 銷　旭昇圖書有限公司
新北市中和區中山路二段 352 號 2F
TEL / (02) 22451480 (代表號)
FAX / (02) 22451479
E-mail：s1686688@ms31.hinet.net
法律顧問　西華律師事務所・黃憲男律師
電腦排版　巨新電腦排版有限公司
印製裝訂　久裕印刷事業有限公司
出 版 日　2023 年 8 月第 2 版 1 刷
I S B N◉978-986-389-876-4　條碼 9789863898764

國家圖書館出版品預行編目資料

你一定要學的人性厚黑學 /
公孫龍策著.—第 2 版.—：新北市,普天出版
2023.08 面； 公分. - (智在人生；07)
I S B N◉978-986-389-876-4 (平裝)